인물로 보고 배우는
세계사

인물로 보고 배우는 세계사 ② 5세기~16세기

펴낸날 2017년 6월 8일 1판 1쇄
글쓴이 드림나무
기획 Leebooks
그린이 이정선
펴낸이 강진균
펴낸곳 삼성당
마케팅 변상섭
제작 강현배
주소 서울시 강남구 선릉로 747(삼성당빌딩 9층)
대표전화 (02)3443-2681
팩스 (02)3443-2683
등록번호 제2-187호(1968년 10월 1일)
ISBN 978-89-14-01985-1 (74900)

ⓒ 드림나무

· 저자와의 협의에 따라 인지는 붙이지 않습니다.
· 이 책은 저작권법에 따라 보호받는 저작물이므로 무단전재와 무단복제를 금지하며,
  이 책 내용의 전부 또는 일부를 이용하려면 반드시 (주)삼성당의 서면 동의를 받아야 합니다.
· 이 책에 사용된 사진은 소장처의 허락을 받아 게재한 것입니다. 저작권자를 찾지 못해
  게재 허락을 받지 못한 일부 사진은 저작권자가 확인되는 대로 게재 허락을 받고 사용료를 지불하겠습니다.
· 파본은 바꾸어 드립니다.
· 사진 자료 출처 : 삼성당 자료실, 현철수의 사진 세계일주, 이미지월드Q

인물로 보고 배우는
세계사 ②
5세기~16세기

머리말

예술과 탐험의 시대를 살다간 인물들과의 만남

세상에는 수많은 사람들이 살다가 갑니다. 어떤 사람들은 이름도 없이 살다가 가지만 어떤 사람들은 그 흔적을 남기고 가지요.

세상이 지금과 같지 않았을 때 사람들은 어떻게 살았을까요. 누가 언제 어떻게 세상을 만들어갔을까요. 과학을 만들고 수학을 만들고 분명히 누군가가 시작한 일이겠지요. 만약 그 사람들이 없었다면 지금처럼 편안한 생활도 넉넉한 생활도 못했을 테지요.

역사는 그 많은 사람들의 흔적을 따라갑니다. 돌에 적힌 문자를 보고 무덤에서 나온 보물을 보고 말입니다. 그리고 그 위대한 업적을 기록합니다.

역사는 과거의 기록만을 의미하지는 않습니다. 현재를 살아가는 사람들에게 교훈을 주고, 앞으로 미래를 어떻게 살아가야 할지 알려줍니다.

　《세계 역사 인물 100》 2권에서는 중세시대 이야기를 엿볼 수 있습니다. 이 시기 화가나 조각가들은 예술의 역사를 쓰기 시작했고 지구가 둥글다고 주장한 사람들은 긴 바다여행을 시작했습니다. 한 번도 가보지 않은 곳을 탐험하고 언제 변할지 모르는 나라를 항해하면서 사람들은 어떤 생각을 했을까요. 가난하게 살아도 꼭 하고 싶은 일을 하고 자신의 가능성을 시험하던 위인들의 삶과 열정은 우리의 문화와 역사를 바꾸어 놓았습니다.
　중세시대 인물들을 살펴보면서 우리가 앞으로 살아가야 할 미래를 상상해 보는 건 어떨까요.

차례

머리말 | 예술과 탐험의 시대를 살다간 인물들과의 만남 ● 5

: 중등 사회
수나라를 세운 수 문제 ● 10
천하를 통일하다 | 중앙 집권 정치 체제를 확립하다 | 백성이 잘사는 나라를 만들다

: 중등 사회
이슬람교를 창시한 무함마드 ● 18
알라의 계시를 받다 | 메카를 도망치다 | 메카를 함락시키다

: 중등 사회
당나라의 기틀을 마련한 당 태종 ● 26
현무문의 변을 일으키다 | 중국 역사에 길이 남을 '정관의 치'를 펼치다 | 병농일치의 부병제를 실시하다

: 중등 사회
시로 신선이 된 이백 ● 34
현종의 부름을 받다 | 반역 죄인으로 몰리다 | 시선詩仙이 되다

: 중등 사회
삶을 노래한 중국 최고의 시인 두보 ● 42
나라에 큰 뜻을 펼치고 싶었으나 | 안사의 난 | 이백과 만나다 | 초당

: 중등 사회

유럽의 아버지 카롤루스 대제 ● 50

비잔티움제국과 로마 교황의 갈등 | 서로마의 황제가 되다 | 봉건제도로 제국을 다스리다

: 중등 사회

주자학을 확립한 주자 ● 58

서원을 세우고 후학을 양성하다 | 오경五經에서 사서四書로 | 주자학

: 중등 사회

세계 제국의 건국자 칭기즈 칸 ● 66

몽골국을 세우다 | 영토를 확장하다 | 한국汗國

: 중등 사회

영혼의 세계를 노래한 시인 단테 ● 74

영원한 사랑 베아트리체 | 정치가 단테 | 이탈리아어를 살린 《신곡》

: 중등 사회

베네치아의 상인 마르코 폴로 ● 82

동방견문록 | 소아시아 | 호르무즈

차례

: 중등 사회

조국을 구한 여장부 잔 다르크 ● 90
중세시대의 권력 | 백년전쟁이 일어나다 | 트루아 조약 | 오를레앙

: 중등 사회

인쇄술로 세상을 바꾼 구텐베르크 ● 98
필경의 시대 | 인쇄술의 혁신 | 인쇄업이 시대를 변화시키다

: 중등 사회

서인도를 발견한 탐험가 콜럼버스 ● 106
아메리카 대륙의 발견 | 서인도 제도 | 산타페 협약 | 산타마리아호

: 중등 사회

천재 화가 레오나르도 다 빈치 ● 114
모나리자 | 프레스코 벽화 | 패널화 | 템페라화 | 예술가 클럽 | 최후의 만찬

: 중등 사회

지동설을 주장한 코페르니쿠스 ● 122
천동설 | 코페르니쿠스와 지동설 | 볼로냐

: 중등 사회

종교개혁자 마르틴 루터 ● 130
루터의 신앙 | 면죄부 | 고해성사

: 중등 사회

최초로 세계 일주를 한 마젤란 ● 138
인도총독 | 몰라카 제도 | 포르투갈 | 마젤란의 죽음과 세계일주

: 중등 사회

르네상스 최대의 조각가 미켈란젤로 ● 146
피렌체 | 시스티나 대성당 | 피에타 | 천지창조

: 중등 사회

르네상스 회화의 완성자 알브레이히트 뒤러 ● 154
콜마르 | 뒤러의 집 | 묵시록 | 동판화

: 중등 사회

영국 최고의 여왕 엘리자베스 1세 ● 162
동인도 회사 | 영국 국교회 | 런던탑의 비밀 | 수장령

부록 | 중세 중국의 문화 | 근대로 나아가는 문화운동 르네상스 | 종교개혁 ● 170

중등 사회

수나라를 세운
수 문제

　　수 문제 양견은 개황율령을 반포하며 법치 체계를 완성했습니다.

　　"양준의 모든 지위와 관직을 박탈하고 당장 옥에 가두도록 하라."

　　수 문제 양견은 신하들에게 자신의 셋째 아들 양준을 옥에 가두라고 명했습니다. 양준은 문제가 수나라를 세울 때 공을 세워 진왕秦王으로 봉해진 아들이었습니다.

　　그러나 양준은 수하들과 함께 고리대금업돈을 빌려주고 비싼 이자를 받는 행위을 해 백성들의 재산을 빼앗고, 자신의 궁을 황제의 궁처럼 짓는 등 온갖 사치를 부렸습니다.

　　"폐하, 너무 가혹한 처벌이시옵니다. 진왕은 황실의 귀한 자손입니다."

　　신하들이 말렸지만 문제는 양준을 옥에 가두고 용서하지 않았습니다. 양준은 죄책감에 괴로워하다가 얼마 후 병이 들어 죽었습니다.

　　문제는 황실을 비롯한 지도층들이 백성들보다 더 법을 잘 지키고, 청렴해야 한다고 생각했습니다. 그래서 자신의 아들에게조차 법을 엄격하게 집행했습니다. 하지만 백성들에게는 너그러웠습니다. 법이 우선이었지만 그 바탕에는 덕이 있어야 한다고 생각했기 때문입니다.

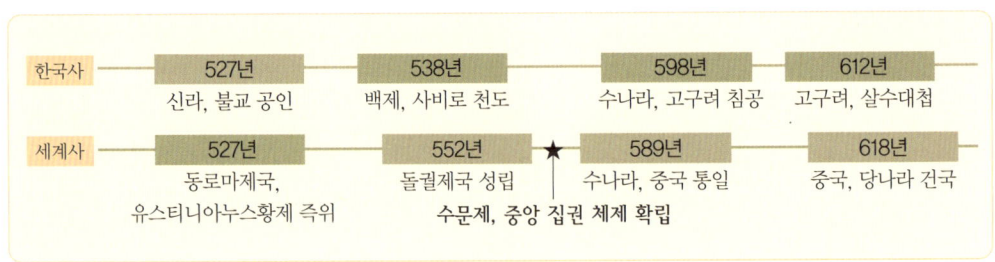

문제가 황제가 된 지 10년째인 600년, 왕가라는 관리가 70여 명의 죄인들을 장안으로 압송하고 있었습니다.

"너무 무겁습니다. 칼이라도 좀 풀어주십시오."

죄인들이 땀을 뻘뻘 흘리며 소리쳤습니다.

당시 죄인을 압송할 때는 죄인들이 쉽게 도망치지 못하게 목에 씌우는 형틀인 칼을 차게 했습니다.

"조용히 하라. 국법을 어겼으니 벌을 받는 것은 당연한 일인데 어찌 불편을 논하는가? 너희들을 압송하는 호송원들의 고통은 눈에 보이지 않느냐?"

호송원들 또한 얼굴이 빨개져 땀을 뻘뻘 흘리고 있었습니다.

"죄인들은 듣거라. 내가 너희들의 칼을 벗겨줄 터이니 한 가지 약속을 해주겠느냐?"

"어떤 약속이옵니까?"

"너희들의 칼을 벗겨주는 대신 너희들 스스로 압송 날짜와 시간에 맞춰 장안

성 앞으로 나오는 것이다."

"네?"

"만일 약속을 지키지 않는다면 그 죄는 내가 받게 될 것이다. 나는 너희들을 믿고 칼을 풀어줄 것이니 너희들 또한 나와의 약속을 꼭 지켜주기 바란다."

왕가는 모든 죄인들의 칼을 풀어주고, 지친 호송원들을 해산시켰습니다. 그리고 자기의 몇몇 수하들만 데리고 죄인들과 헤어져 길을 떠났습니다.

드디어 죄인들과의 약속 날짜가 되었습니다. 왕가는 떨리는 마음으로 장안성으로 향했습니다. 놀랍게도 70여 명의 모든 죄인이 장안성의 성문 앞에 모여 있었습니다.

"약속을 지켜주었구나!"

"앞으로는 절대 국법을 어기지 않겠습니다. 어르신의 은혜도 평생 잊지 않겠습니다."

죄인들은 왕가 앞에 무릎을 꿇고 다짐했습니다.

이 사실을 전해들은 문제는 왕가와 70여 명의 죄인들을 궁으로 불렀습니다.

"자고로 군주란 힘보다 덕이 있어야 하는 법이다. 모든 신하들은 왕가의 모습을 본받아 백성들을 덕으로 대하라."

문제는 왕가를 치하하며 모든 관리들의 모범으로 삼게 했습니다.

"죄인들도 모두 풀어주고, 그들에게 귀한 음식을 대접하도록 하라."

"예? 그들은 죄인이옵니다."

"그들은 이제 죄인이 아니다. 도망칠 수 있었으나 도망치지 않고 왕가와의 약속을 지키지 않았더냐. 그들은 이미 스스로 죄를 뉘우치고 훌륭한 백성이 되었도다."

문제는 무서운 형벌보다 인자한 덕이 그 어떤 법보다 더 강력하고 위대하다는 것을 다시 한 번 깨달았습니다. 그리고 평생 덕으로 백성들을 다스리기 위해 노력했습니다.

수 문제

541~604
이름 양견楊堅, 묘호 고조高祖, 시호 문제文帝
수나라의 초대 황제

수 문제文帝 양견은 서위西魏의 홍농군 화음현에서 태어났습니다. 그의 아버지 양충은 우문태를 도와 북주를 세운 개국공신입니다.

당시 북주의 최고 귀족은 8주국柱國 12장군將軍으로 이루어져 있었는데, 개국공신 양충 또한 주국柱國대장군에 올라 수국공隨國公에 봉해졌습니다. 양견은 아버지가 죽은 후 그 뒤를 이어 수국공을 세습받았습니다. 또한 선비족 최고의 가문인 독고신 가문의 일곱째 딸과 혼인해 북주의 실력자가 되었습니다.

수 문제

더욱이 북주의 무제武帝가 죽은 후 태자 우문윤선제 宣帝이 황제로 즉위하자 태자비로 있던 양견의 딸 양려화는 북주의 황후가 되었습니다. 이후 선제가 즉위 2년 만에 병으로 세상을 떠나고 어린 우문연정제靜帝이 북주의 황제가 되었지만 모든 권력은 양견에게 있었습니다. 얼마 지나지 않아 양견은 정제로부터 제위를 물려받아 수隨나라를 세웠습니다.

장안長安을 수도로 정한 수 문제 양견은 제도를 정비하고, 과거제를 실시해 인재 등용에 힘썼습니다. 백성들이 잘 먹고 잘 사는 나라를 만들기 위해 사치를 금하고 절약을 실천했으며, 남조南朝의 진陳나라를 평정하며 남북조로 갈라져 있던 중국을 통일했습니다. 하지만 604년 황제의 자리를 노리던 둘째 아들 양광에게 죽임을 당하고 말았습니다.

그 시대엔 또 무슨 일이 있었을까?

천하를 통일하다

중국은 한나라 멸망 후 위·촉·오 삼국 시대를 거쳐 남과 북으로 갈라져 남북조 시대로 분열됐습니다. 578년 북주의 무제가 돌궐족 정벌에 나섰다가 병사하자 그의 맏아들인 선제가 황제가 되었습니다. 하지만 선제는 사치를 부리며 노는 일에 정신이 팔려 나랏일은 돌보지 않았습니다. 때문에 정권은 외척인 양견의 손에 들어갔습니다.

579년 선제는 일곱살 난 아들 우문연^{정제}에게 정권을 넘기고 자신은 천원황제라 칭하며 더욱 사치를 일삼다 580년 병으로 세상을 떠났습니다. 이때 양견은 어린 황제를 보필한다는 이유로 입궁을 해 수왕隨王이 되었습니다. 그런데 황족인 소국공 우문주 등이 정변을 일으키자 어린 정제가 정변을 수습할 수 없어 581년 양견에게 황제의 자리를 넘깁니다. 양견은 정변을 수습하고 새로운 왕조 수나라를 세웠습니다. 이후 589년 남조에 남아 있는 마지막 왕조인 진나라마저 멸망시키며 북조와 남조로 나뉘어 있던 중국을 재통일했습니다.

대운하를 순행하는 양제

중앙 집권 정치 체제를 확립하다

문제는 중앙 집권 체제를 마련하기 위해 내사성內史省, 문하성門下省, 상서성尚書省을 마련했습니다. 내사성은 국가의 기밀을 관장하고 정령을 반포하는 일을 맡았으며, 문하성은 정치상의 명령과 법령 등이 담긴 정령의 심의를 담당했으며, 상서성은 전국의 행정사무를 담당하는 역할을 했습니다. 삼성에는 내사성을 관장하는 내사령內史令, 문하성을 관장하는 납언納言, 상서성을 관장하는 상서령尚書令을 두고 이들을 황제가 직접 관리해 호족이나 귀족 중심의 정치가 아니라 중앙 집권 체제가 강화되도록 했습니다.

지방 행정도 개혁해, 주州·군郡·현縣으로 나누어져 있는 주군현제州郡縣制를 주현제州縣制로 바꾸었습니다. 주와 넓이가 별 차이가 없는 군을 없애고, 현을 주에 직속하게 함으로써 지방행정을 간소화해 행정경비를 절감했습니다. 또한 지방의 자사들이 가지고 있던 병권을 분리해 부병제府兵制를 따로 만들었으며, 관리들은 모두 중앙에서 직접 임명해 모든 권력이 중앙에 집중되게 했습니다.

백성이 잘사는 나라를 만들다

분열의 시대를 살아오는 동안 중국인들은 전쟁을 피해 많은 곳을 떠돌아 다녔습니다. 때문에 문제는 백성들이 안전하고 풍요로운 생활을 할 수 있는 데 많은 신경을 썼습니다. 황실에서부터 근검절약을 시행해 독고황후는 직접 베를 짜서 옷을 만들어 입었으며, 황실의 모든 사람들에게 사치를 금하게 했습니다. 백성들에게 농업을 장려하고, 나라를 위해 국민이 부담하는 일인 부역과 세금을 줄여주고, 지방 곳곳에 창고를 만들어 곡식을 보관하도록 해 백성들이 한 곳에 정착해 잘살 수 있도록 했습니다. 중국을 통일하고, 민심을 안정시켜 경제를 발전시키며 태평성대를 이룬 문제의 치세기간은 훗날 '개황성세開皇盛世'라 칭송받으며 개황의 치라고 불리게 됐습니다.

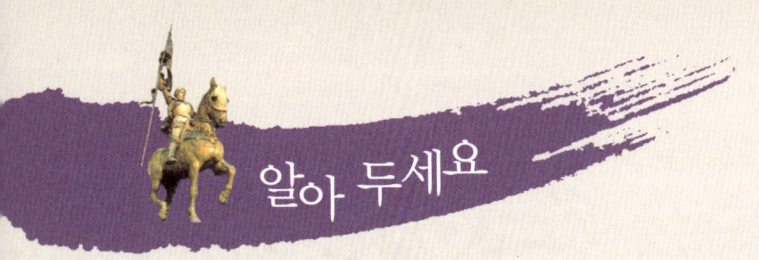

알아 두세요

무제(543~578)

남북조 시대 북주北周의 제3대 황제로 이름은 옹邕이며, 북주를 세운 우문태의 넷째 아들입니다. 유교를 받아들이고, 불교와 도교를 탄압하는 정치를 펼쳐 훗날 '삼무일종三武一宗'의 법난을 일으킨 인물 중 하나가 되었습니다. 578년 돌궐 정벌 중 병사했습니다. 삼무일종은 불교를 탄압한 북위의 태무제太武帝, 북주의 무제武帝, 당의 무종武宗의 삼무武와 후주의 세종世宗을 가리키는 말입니다.

독고황후(543~602)

독고황후는 서위 선비족의 대장군인 독고신의 일곱째 딸로, 문제의 정실부인인 문헌황후를 이르는 말입니다. 독고황후는 정치에도 적극 참여했으며, 문제는 많은 정치적 문제를 독고황후와 상의했습니다. 때문에 대신들은 독고황후를 제2의 황제라 불렀습니다. 검소하고 인자해 백성들에게도 존경받는 황후였지만 질투심이 많아 문제가 위지녀라는 궁녀를 총애하자 그녀의 목을 베었습니다. 또한 태자인 맏아들 양용이 본처를 멀리하고 첩을 두자, 문제를 설득해 황태자의 자리에서 쫓아내고 둘째아들 양광을 황태자로 책봉했습니다.

양제(569~618)

양제煬帝는 수나라 제2대 황제로 이름은 양광楊廣입니다. 어머니와 아버지 앞에서는 검소하고 얌전한 척했지만, 사치가 심하고 술과 여자를 좋아했습니다. 때문에 방탕한 생활로 백성을 잘 돌보지 않는 황제에게 내려지는 시호인 '양煬'을 받았습니다. 낙양에 동쪽의 도읍인 동도東都를 건설하고, 대운하를 만드는 등 대규모 토목공사를 자주 벌였습니다. 계속되는 토목공사와 612년부터 614년까지 3번에 걸친

수 양제는 대운하를 만드는 등 대규모 토목공사를 자주 벌여 백성들을 힘들게 했다.

고구려 침략 전쟁의 실패는 반란을 일으키는 계기가 되었습니다. 617년 양제의 손자인 공제는 장안을 점거한 이연에 의해 황제가 되었으며, 618년 양제는 자신이 이끄는 금군의 장군인 우문화급에게 죽임을 당했습니다. 그리고 공제는 이연에게 황제의 자리를 넘겨 수나라는 3대 39년 만에 멸망했습니다.

과거제도

구품관인법을 보완해 추천받은 인재들에게 시험을 보게 해 능력 위주로 관리를 뽑았습니다. 이것이 최초의 과거제도이며, 이후 개선 발전해 1300여 년간 중국의 관리 선발제도로 이어졌습니다.

개황율령

연호를 개황이라 지은 문제는 개황 3년인 583년에 형벌과 행정에 대한 법규를 담은 개황율령開皇律令을 반포했습니다. 이를 바탕으로 가혹한 형벌을 없애 백성들을 법과 덕으로 다스렸고, 관제를 정비해 중앙 집권 체제를 마련했습니다. 훗날 당나라의 법제인 율령제의 기본이 되어 중국 법제에 큰 영향을 끼쳤습니다.

 중등 사회

이슬람교를 창시한
무함마드

"오늘은 햇살이 더욱 눈부시구나!"

수도사 바히라가 햇살에 눈을 찡그리며 말했습니다. 바히라는 물을 길어 와 낙타들에게 주었습니다.

"맛있게 먹거라."

낙타들은 바히라의 말을 알아듣기라도 하듯이 고개를 좌우로 흔들며 누런 이빨을 내보였습니다.

"카라반이 지나가려나 보구나!"

바히라는 사막 저편에 보이는 모래 먼지를 보며 말했습니다. 카라반은 낙타나 말에 물건을 싣고 무리지어 다니는 상단을 말합니다. 상단이 올 때는 언제나 낙타와 말들이 일으키는 황금빛 모래 먼지가 햇살에 반짝이곤 했습니다.

"저게 뭐지?"

바히라는 모래 먼지가 예전과는 다른 것 같았습니다.

"저기 뭔가 있는 것 같구나!"

바히라는 카라반을 자세히 보기 위해 망원경처럼 양손을 눈가에 댔습니다. 상단이 가까이 다가올수록 모래 먼지는 사라져갔습니다.

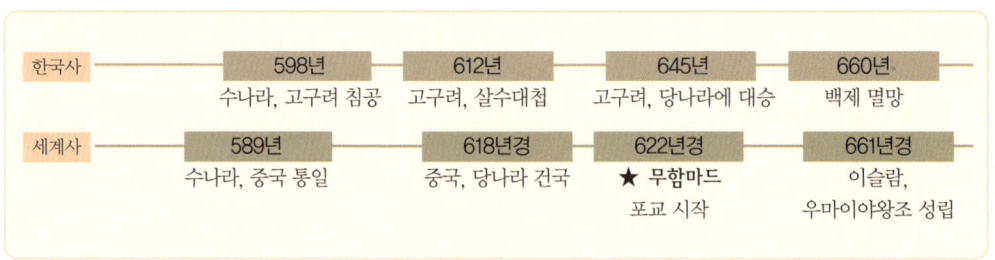

"아니, 저것은?"

바히라는 깜짝 놀랐습니다. 뜨거운 햇살 아래 오직 한 곳만 그늘이 져 있었습니다.

"저것 좀 보거라. 어찌 저럴 수가 있지?"

바히라는 놀라서 입을 다물 수가 없었습니다.

"구름이 한 곳에 그늘을 만들어주고 있구나. 그늘이 되어 따라다니고 있어."

바히라는 카라반에서 눈을 떼지 못했습니다.

"누굴까? 구름이 그늘을 만들어주는 이는 누굴까?"

바히라는 궁금했습니다. 구름의 그림자를 받는 이는 분명 평범한 사람이 아닐 거라고 생각했습니다. 카라반은 점점 가까이 왔습니다. 이제 사람들의 얼굴도 제법 알아볼 수 있게 되었습니다.

"어린아이 아닌가?"

구름이 그늘을 만들어주는 사람은 작고 여린 어린아이였습니다.

"카라반을 초대해야겠다. 저 카라반들을 사원으로 초대해야겠어."

바히라는 하인들에게 소리치며 사원 안으로 뛰어 들어갔습니다. 바히라는 하인을 보내 카라반을 사원으로 초대했습니다.

얼마 후 카라반이 도착했습니다.

"삼촌 저는 여기에

앉아 있을게요."

구름의 그늘을 받았던 아이가 나무 밑에 앉았습니다.

"나는 하느님의 사도를 보고 있구나!"

멀찍이 떨어져 아이를 지켜보고 있던 바히라가 두 손을 모으고 얘기했습니다. 구름은 아이가 앉은 나무에 그늘을 만들어주었습니다. 그러자 나무가 아이를 향해 가지를 뻗었습니다. 반대쪽 가지도 아이를 향해 가지를 휘었습니다.

"오, 하느님의 사도여!"

바히라가 아이를 향해 달려갔습니다.

"너에게 물어볼 것이 있다."

바히라는 나무 그늘에 앉아 있는 아이에게 물었습니다.

"예, 물어보십시오."

바히라는 성서 속 하느님의 사도에 대한 글에서 발견한 신체적 특징이 아이에게 있는지 알고 싶었습니다.

"네 등을 보여줄 수 있느냐?"

아이는 옷을 벗어 바히라에게 등을 보여주었습니다.

"오, 하느님의 사도여!"

아이의 양쪽 어깻죽지 사이에는 부항단지 같이 생긴 하느님의 사도를 증명하는 자국이 있었습니다. 그 아이가 바로, 훗날 알라의 계시를 받게 될 무함마드였습니다.

무함마드

570~632
별칭 라술 알라신의 사도, 영어식 이름 마호메트
이슬람교의 창시자

무함마드는 570년 메카에서 태어났습니다. 그의 아버지 압둘라는 구약 성서에 등장하는 아브라함의 아들 이스마일의 자손이라 믿고 있는 쿠라이시족의 하심 가문 출신입니다.

무함마드는 유복자였습니다. 무함마드가 태어나기 몇 주 전에 아버지 압둘라는 야스리브로 장삿길에 나섰다가 세상을 떠났기 때문입니다. 게다가 어머니마저 무

무함마드

함마드가 여섯 살 때 돌아가시고, 함께 살던 할아버지도 2년 뒤에 돌아가셨습니다. 혼자 남겨진 무함마드는 숙부 아브 탈리브의 손에서 자라게 됐습니다. 하지만 숙부에게는 돌봐야 할 가족이 많아 형편이 그리 넉넉지 않았습니다.

가난해서 결혼을 하지 못하고 있던 무함마드는 메카에서 가장 큰 상단을 이끌고 있던 카디자의 눈에 띄었습니다. 카디자는 사십을 바라보고 있는 여자로 이미 두 번이나 결혼했었지만 무함마드에게 청혼을 했습니다. 무함마드와 그의 가문은 처음에는 그녀의 청혼을 받아들이지 않았습니다. 하지만 계속된 청혼으로 결국 무함마드는 카디자와 결혼을 했습니다.

무함마드는 610년 히라산 동굴에서 알라의 계시를 받고, '알라 외에는 신이 없다'는 유일신 신앙을 갖게 되어 신의 사도가 되었습니다. '한 손에는 칼, 다른 한 손에는 꾸란'을 들고 성전을 벌이며 이슬람을 알렸던 무함마드는 뛰어난 군인이었으며, 평등과 박애를 주장하고 실천한 정치가이며, 알라의 말을 전하는 신의 사도로서 위대한 지도자가 되었습니다.

그 시대엔 또 무슨 일이 있었을까?

기적을 행하는 마호메트

알라의 계시를 받다

무함마드는 마흔 살이 되던 610년에 메카 교외의 히라 산에 있는 동굴에서 명상을 했습니다. 그곳에서 천사 가브리엘로부터 '그대는 알라의 선지자' 라는 계시를 받고 처음에는 자신의 귀를 의심하며 불안에 떨었습니다. 계시가 올 때마다 그의 몸은 고통스러웠지만 부인 카디자가 이슬람의 첫 성도가 되어 무함마드를 믿고 따랐습니다. 이후 무함마드는 알라의 계시를 전하는 신의 사도가 되어 예언자의 삶을 살기 시작했습니다.

메카를 도망치다

당시 메카 사람들은 다신교^{다수의 신들을 믿고 숭배하는 종교}를 믿고 있었습니다. 때문에 알라를 유일신으로 내세운 무함마드는 미치광이 취급을 당했습니다. 그의 친척들까지도 무함마드의 병을 치료해주겠다고 나설 정도였습니다. 614년부터 가족과 주변인들을 벗어나 대중들에게까지 전도^{교리를 전함}를 시작한 무함마드는 조금씩 이슬람을 따르는 신도들을 만나게 됩니다. 하지만 이슬람교도가 많아질수록 박해 또한 심해져 생명의 위협까지 느꼈습니다. 그리하여 622년 70여 명의 무슬림^{이슬람을 믿는 사람}들과 함께 메카를 탈출해 메디나로 갔습니다. 이것을 '히즈라^{헤지라}' 라고 하며, 이 해가 이슬람력의 원년이 되었습니다.

메카를 함락시키다

무함마드와 그를 따라 메디나로 이주해 온 사람들은 경제적 문제를 해결해야 했습니다. 메디나의 후원으로 겨우 살아가기는 했지만, 자기 소유의 토지가 없고 가진 재물도 없이 이슬람 공동체를 이끌어갈 수는 없었습니다. 군대를 양성한 무함마드는 이슬람 공동체의 생존을 위해 자신들을 쫓아낸 메카를 상대로 지하드, 즉 성전聖戰 종교적 이념에 의해 수행하는 전쟁을 벌였습니다.

여러 차례의 성전에서 승리한 무함마드와 이슬람군들은 큰 저항 없이 메카로 당당히 입성했습니다. 무함마드는 카바 신전으로 가 그곳에 모셔져 있는 다신교의 수많은 우상들을 없애버림으로써 다신교의 시대는 끝나고 유일신 알라를 모시는 이슬람의 시대가 열렸음을 알렸습니다.

이후 아라비아 반도 전역의 부족들이 이슬람교를 받아들여 거대한 이슬람 공동체 '움마ummah'를 만들었습니다. 이후 무함마드는 메디나의 최고 지도자가 되었지만 왕관을 쓰지 않고 소박한 생활을 하며 이슬람 종교의 체계를 잡는 데 힘을 썼습니다.

터키의 마호메트 사원

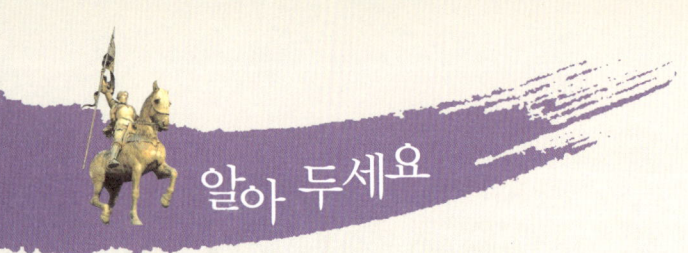
알아 두세요

알라

이슬람 이전에 그리스 신화의 제우스처럼 최고의 신으로 숭배되기도 했지만 아라비아인들에 의해 특별히 숭배되지는 않았습니다. 다신교였던 무함마드가 알라의 계시를 받은 후 알라만이 유일한 신이라 믿게 되어, 이슬람의 유일신이 되었습니다.

가브리엘

유대인 사이에 전승되어 온 헤브라이 신화와 성서 등에 나오는 계시啓示의 임무를 맡은 천사입니다. 무함마드도 천사 가브리엘에 의해 알라의 계시를 받았습니다.

꾸란

꾸란영어식 발음 코란은 무함마드가 천사 가브리엘을 통해 알라의 계시를 받은 뒤부터 죽을 때까지 받은 계시를 집대성한 이슬람교의 경전입니다. 성경이나 불경 같은 다른 종교의 경전들이 수백 년의 시대를 거쳐 여러 사람들에 의해 완성된 것이지만, 꾸란은 무함마드 한 사람에 의해 아랍어로 완성되었습니다.

무함마드는 말을 통해 사람들에게 계시를 전했기 때문에 꾸란은 구전口傳 형태로 전해졌습니다. 계시를 받은

가장 오래된 코란

성지 메카의 카바 신전에서 기도드리는 이슬람 신도

사람들 중 일부는 가죽이나 양피지, 나무껍질 등에 적어 문자 형태로 남기기도 했습니다. 꾸란은 무함마드가 죽은 후 1대 칼리파 아부 바르크에 의해 최초로 만들어졌으며, 3대 칼리파 오스만에 의해 오늘날의 꾸란이 완성됐습니다.

메카

아랍어로 마카이며 사우디아라비아 이자즈 지방에 있는 도시입니다. 종교와 행정, 상업의 중심지이며, 무함마드가 태어나 신의 계시를 받은 곳입니다. 때문에 메카는 이슬람 세계의 최고 성지가 되었습니다. 특히 메카에 있는 카바 신전은 무함마드가 이슬람교를 세우고, 메카를 정복한 뒤 그곳의 우상을 파괴해 알라의 신전으로 만든 후 이슬람교의 제1성소가 되었습니다. 전 세계에 퍼져 있는 무슬림들은 카바 신전을 향해 예배를 드립니다.

중등 수학

당나라의 기틀을 마련한
당 태종

"낙양궁을 보수하도록 하라."

"폐하, 그 명은 철회해주십시오."

당 태종의 명령에 신하 장현소가 반대하고 나섰습니다.

"수 양제 때도 낙양궁을 짓느라 백성들이 큰 고생을 했습니다. 궁의 큰 기둥 하나만 해도 인부 2천 명을 동원해 수천 리를 끌어온 것입니다. 전쟁이 끝난 지 얼마 되지 않아 백성들이 힘들 것입니다."

"지금 양제와 나를 비교하는 것이냐?"

"만약 공사를 강행하신다면 수 양제보다 더한 폭군이라는 말을 듣게 될 것입니다."

태종은 사치와 방탕한 생활로 나라를 망하게 한 양제와 비교되는 것이 기분 나빴습니다. 하지만 장현소의 말이 하나도 틀린 것이 없었습니다.

"그대의 말이 옳다. 황제는 배이고, 백성들은 배를 띄울 수도 있고 뒤집을 수도 있는 물이라는 것을 내가 잠시 잊고 있었구나."

태종은 아버지를 도와 당나라를 건설하면서 무엇보다 백성들을 잘 보살펴야 한다는 것을 깨닫고 있었습니다. 때문에 신하들에게 자신의 눈치를 살피지 말

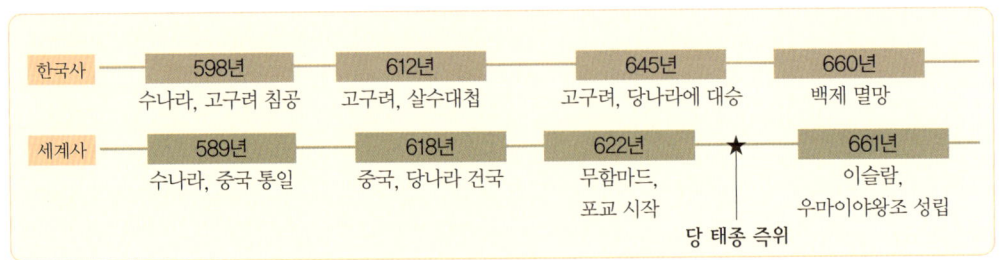

고 바른 말을 고하도록 했습니다.

"폐하, 사냥 나오셨습니까?"

사냥터를 관할하는 지방관이 태종을 맞았습니다.

"그래. 곡식이 풍성하니 새들도 잘 날고, 동물들도 맘껏 뛰어노는구나!"

"하지만 백성들은 허리를 펼 시간이 없습니다."

"뭣이라?"

"새들이 다 쪼아 먹기 전에, 동물들이 다 캐먹기 전에 백성들은 곡식을 추수해야 합니다. 그러니 사냥은 겨울에 하시는 것이 좋을 듯싶습니다."

"미안하구나. 당장 돌아가자!"

태종은 그 뒤부터 겨울철에 사냥을 했습니다. 언제나 신하들과 백성들의 말에 귀를 열어두고 있는 태종은 창피하더라도 자신의 잘못을 감추려하지 않고 순순히 받아들이고 고치려고 노력했습니다. 하지만 태종도 사람인지라 그런 일들을 참고 넘기는 것이 언제나 쉬운 일은 아니었습니다.

하루는 태종이 새매를 가지고 놀고 있었습니다. 그 때 대신 위징이 찾아왔습니다. 태종은 다급히 새매를 품 안에 넣었습니다.

"올해도 풍년이옵니다. 모든 것이 폐하께서 정사를 잘 돌보셨기 때문입니다."

"허허, 고맙소."

"하지만 이럴 때일수록 조심하셔야 하옵니다. 옛날 제왕들을 보십시오. 태평성대

를 이룬 후 향락에 빠져 나라를 망친 경우가 많습니다."

태종은 품 안에 있는 새매가 숨이 막혀 죽지는 않을까 걱정이 되었습니다. 그렇다고 위징 앞에서 새매를 꺼내놓을 수도 없었습니다. 정사를 돌보는 곳에서 새매를 가지고 논다고 위징에게 흉이 잡힐까 걱정이 되었기 때문입니다.

한참 만에 위징이 돌아가고 태종은 품 안에서 새매를 꺼냈습니다. 하지만 새매는 이미 죽어 있었습니다. 화가 난 태종은 그후 위징을 미워하게 됐습니다.

그러던 어느 날, 태종이 씩씩거리며 처소로 들었습니다.

"현무문의 변 때, 내가 위징을 살려두는 게 아니었는데."

"폐하, 왜 그러시옵니까?"

황후가 태종의 얼굴을 살피며 물었습니다.

"위징이라는 작자가 직언을 한답시고 사사건건 내 말을 거역해 화가 나서 그러오."

태종은 화가 안 풀리는지 주먹을 불끈 쥐고 씩씩댔습니다. 황후는 아무 말도 없이 밖으로 나갔다가 얼마 후 예복을 차려 입고 나타났습니다.

"갑자기 웬 예복이오?"

"폐하께 축하인사 드리려고 예복을 갖춘 것입니다."

"축하인사?"

"예. 옛 성인들의 말씀에 임금이 어질면 바른 말을 하는 충신이 나온다고 하지 않습니까. 저는 아직도 폐하의 안색을 살피며 말을 조심하는데, 위징이 폐하의 눈치를 살피지 않고 직언을 한다면 그것은 모두 폐하께서 어질기 때문이옵니다. 그러니 이 얼마나 기쁜 일입니까. 임금이 어질고, 신하는 충성스러우니 백성들은 대대손손 태평성대를 살 것이옵니다."

황후의 말에 태종은 화가 풀렸습니다. 그리고 신하들의 말에 더욱 귀를 기울이겠다고 다짐했습니다.

당 태종

599~649
이름 이세민李世民, 묘호 태종太宗
당나라 제2대 황제

당 태종 이세민은 당나라를 세운 이연의 둘째 아들입니다. 문무 모두 뛰어난 이세민은 수나라 양제의 폭정을 더 이상 두고 볼 수 없다며 아버지 이연에게 반란을 일으킬 것을 주장했습니다. 그리하여 617년 진양에서 봉기해 618년 장안을 점령하고 당나라를 세웠습니다. 이때 이세민은 다른 반란군들을 토벌하며 당나라 건국의 일등공신이 되었습니다. 건국 후에도 군사적인 면에서

당 태종 이세민

는 황태자보다 이세민의 역할이 더 컸습니다. 때문에 태자 이건성과 진왕으로 봉해진 이세민 사이에 세력 다툼이 생기게 됐습니다. 결국 626년 이세민과 그 세력들은 태자 이건성을 제거하고 태자의 자리는 물론 황제의 자리까지 이어받았습니다.

황제에 오른 이세민은 몽골 고원의 돌궐족과 위구르족 등을 정벌해 영토를 넓히고, 외국과의 교역에 힘써 대제국의 면모를 만방에 알렸습니다. 과거제도를 정착시키고, 가혹한 형벌을 없애고, 병농일치를 통해 농업을 장려하고, 국가의 안보를 튼튼히 해 태평성대를 이룩하며 당왕조의 기초를 튼튼히 다졌습니다.

하지만 644년부터 여러 차례 고구려를 침략하기 시작해 모두 실패하고 전쟁 중 얻은 병으로 649년 세상을 떠났습니다. 수많은 전쟁에서 승리를 하며 아버지 이연의 당나라 건국을 도왔던 이세민은 말년에 고구려 원정에 모두 패하게 되자 태자에게 국력에 도움이 되지 않으므로, 고구려와 절대 전쟁하지 말라는 유언을 남겼다고 합니다.

그 시대엔 또 무슨 일이 있었을까?

현무문의 변을 일으키다

이세민은 아버지 이연이 당나라를 건국할 때 다른 반란군들을 토벌하며 큰 몫을 담당했습니다. 이연은 맏아들 이건성을 태자로 삼고 이세민을 진왕에 봉했습니다. 문무를 겸비한 이세민은 특히 군사적인 면에서 많은 공을 세워 태자의 자리를 위협했습니다. 태자 또한 여러 방면에서 큰 공을 세웠기 때문에 이세민과 태자 사이에는 보이지 않는 세력 다툼이 생겨났습니다. 황실의 세력들도 이세민과 태자 이건성의 편으로 나뉘었

당을 건국한 고조 이연

으며, 막내 동생인 제왕 이원길마저 태자 이건성의 편을 들면서 이세민을 제거하려 들었습니다. 결국 626년 이세민이 먼저 칼을 들었습니다. 조정으로 가려면 꼭 들러야 하는 현무문 안에 자객을 매복해 두었다가 태자 이건성과 동생 이원길을 살해했습니다. 그리고 2개월 뒤 이세민은 아버지로부터 황위를 이어받아 당나라 제2대 황제가 되었습니다.

중국 역사에 길이 남을 '정관의 치'를 펼치다

당 태종 이세민은 제위에 오른 다음 해인 627년에 연호를 정관貞觀으로 고쳤습니다. 무武로써 황제의 자리까지 오른 이세민은, 문文으로 나라를 다스리기 위해 훌륭한 인재를 뽑는 데 많은 공을 들였습니다. 한 때 자신을 죽이려 했던 태자 이건성의 측근도 나라에 필요한 인재라면 기꺼이 맞아들였습니다. 또한 수나라 때 시작된 과거 제도를 정비해 많은 인재를 선발했습니다. 문학과 유학을 장려하고 역사서 편찬

에도 힘을 쏟았으며, 3성 6부의 중앙 관제를 확립하고 토지 제도인 균전제均田制, 병제인 부병제, 세제인 조용조租庸調 등을 정비해 중국 역사에 길이 남을 태평성대인 '정관의 치' 시대를 펼치며 중국의 대표적 명군으로 이름을 남겼습니다.

병농일치의 부병제를 실시하다

부병제는 병농일치의 병제를 말하는 것으로 수나라 때도 시행되었던 제도이며, 조용조·균전제와 관련이 있습니다. 조租는 평민 성인 남성에게 땅 1경頃: 중국의 지적 단위로 지금의 10,000㎡ 정도을 경작하게 해 일정량의 곡식을 거두어들이는 것이고, 용庸은 1년에 20일 동안만 부역을 하게 하는 것이고, 조調는 주택에 대한 현물세로 일정량의 비단과 베, 은 등을 바치게 하는 것을 말합니다.

균전제는 485년 북위北魏의 효문제孝文帝 때 처음 시행된 것으로, 한족 관료인 이안세가 오랜 전란으로 황폐해진 농경지를 백성들에게 나누어주어 농업생산력을 높이자고 제안해 만들었습니다. 태종은 624년 율령을 공포하면서 균전제를 실시했습니다. 부병제는 성인 농민들로부터 병사를 징집하는 제도였습니다. 병농일치를 통해 부병은 농번기에는 농사를 짓고, 농사짓기가 끝난 농한기에는 군사훈련을 받았으며, 근무기간 동안 조용조의 세금을 면제 받고 전쟁이 벌어지면 각자 준비한 무기를 챙겨 전쟁에 나갔습니다.

중국 주변의 이민족들이 중국 황제에게 공물을 바치는 조공도

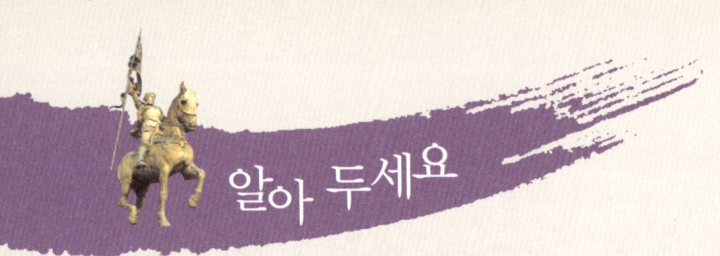
알아 두세요

이연(566~635)

이연은 당나라를 세운 제1대 황제 고조입니다. 수나라 문제 때부터 지방의 자사(감찰관)가 되어 정치를 했으며, 양제 때는 문관에서 무관으로 직책을 바꾸었습니다. 무관이 된 후 많은 장수들과 사귀었으며, 점차 병권을 장악하게 되었습니다. 양제의 폭정으로 이곳저곳에서 봉기가 일어나 수나라가 무너져 내리자, 618년 당나라를 창건했습니다. 이연은 즉위 즉시 양제 때 벌어졌던 사치와 낭비를 줄이고, 지역 곳곳에 마련된 창고의 곡식을 풀어 백성들에게 나누어주고, 세금을 줄여 백성들의 생활을 안정시키는 데 힘을 썼습니다.

측천무후(624~705)

측천무후는 중국 유일의 여황제로 이름은 무조武照입니다. 열네 살 때 당 태종의 후궁으로 들어갔으나 태종이 죽은 후 태종의 아이를 낳지 못한 같은 처지의 후궁들과 함께 절로 쫓겨났습니다. 651년 태종의 아들인 고종의 후궁이 되어 궁으로 돌아와 입궁 4년 만인 655년 황후를 폐위시키고 고종의 황후가 되었습니다. 고종의 병이 악화되자 정권을 완전히 장악하고 683년 고종이 죽자 셋째 아들 이현中宗이 황제가 되었습니다. 그런데 중종의 황후

중국 역사상 유일한 여황제인 측천무후의 행차

인 위후가 정권을 장악하려 하자 중종을 즉위 두 달 만에 폐위시키고, 넷째 아들 이단예종을 황제로 삼았습니다. 그리고 690년에 예종을 폐위시키고 스스로 황제의 자리에 올라 나라 이름을 '주周'로 바꾸었습니다.

이후 705년까지 15년 동안 자신의 권력을 강화하기 위해 공포정치로 나라를 다스렸습니다. 하지만 다른 한편으로는 측천무후는 가문이 아닌 능력 위주의 관료 등용과 문인들을 우대하고, 불교의 발전, 도자기와 공예, 건축 같은 문화 예술에 많은 관심을 갖고 발전시켰습니다.

《정관정요》

당나라의 오긍이 편찬한 책으로, 당 태종의 연호인 '정관'에서 알 수 있듯이 태종이 신하들과 정사나랏일를 논한 내용들 중에서 중요한 문답을 항목별로 정리한 것입니다. 《정관정요》에는 학술·문화·형벌·세금·부역·정치와 경제 등 다방면의 이야기가 수록되어 있으며 군주의 도리와 인재의 등용 문제에 대해서도 기록되어 있습니다.

삼장법사 현장

현장(600?~664)

현장은 우리가 잘 알고 있는 《서유기》에 삼장법사로 나오는 인물입니다. 현장은 불경佛經을 구하기 위해 당나라 장안을 출발해 645년 불경과 불상을 가지고 장안으로 돌아왔습니다. 현장은 지금의 아프카니스탄·파키스탄·인도 등 무려 138여 개국을 돌아다녔는데, 태종의 명으로 그것들을 정리해 《대당서역기》를 완성했습니다. 명나라 때의 문학가 오승은은 《대당서역기》를 바탕으로 《서유기》를 탄생시켰습니다.

중등 도덕

시로 신선이 된
이백

이백이 세 살 때의 이야기입니다.

"자네 신선이 될 참인가?"

이백의 아버지를 찾아온 친구가 웃으며 말했습니다.

"통 세상 밖으로는 나오지 않고 이 숲에서 뭐하는 건가?"

"세상이 어지러우니 숲에서 좀 편히 살아보려네."

"그러면 도라도 닦아 신선이라도 되게. 신선이 되거든 저기 저 구름 한 번 태워주게나. 구름 타고 어지러운 세상 한 바퀴 돌아보게."

"알겠네. 내가 도를 닦아 꼭 신선이 되어 구름을 태워주겠네. 하하하!"

무측천 시대 말기를 살고 있던 이백의 아버지와 친구가 어지러운 세상에 대한 이야기를 나누었습니다. 옆에서 얘기를 듣고 있던 이백은 하늘에 흘러가는 구름을 가만히 쳐다봤습니다.

"뭘 그리 보느냐?"

아버지가 어린 이백을 무릎에 앉히며 물었습니다.

"구름을 보고 있었습니다."

"구름은 왜?"

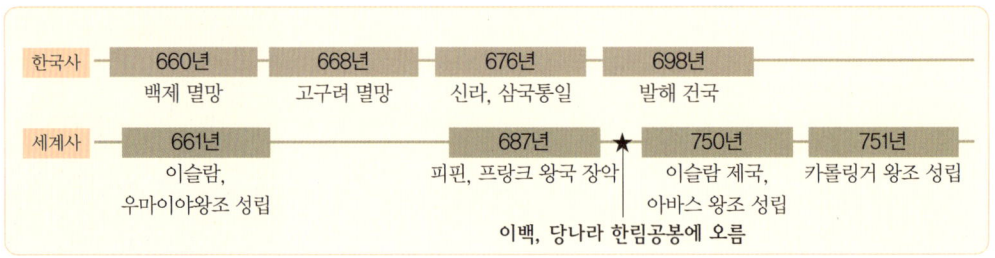

"아버지, 저도 구름을 태워주세요. 신선이 되시면요."

"하하하."

이백의 말에 아버지와 친구는 한바탕 웃음을 터트렸습니다. 그날 이후 이백은 신선 이야기에 푹 빠졌으며, 풍부한 상상력을 가진 아이로 자라났습니다.

"아버지, 달이 무엇인지 아십니까?"

이백이 마당을 비추고 있는 둥근 달을 가리키며 말했습니다.

"달이 달이지 무엇이냐?"

"달은 그냥 달이 아닙니다."

"그럼 무엇이더냐?"

"달은 신선의 거울입니다."

"뭐라고?"

"저기 보세요. 달에 사람 얼굴이 보이시지요?"

이백은 둥근 보름달을 가리키며 말했습니다.

"글쎄다."

"잘 보세요. 눈코입이 있지요? 바로 신선의 얼굴이에요."

"그런 것도 같구나."

"신선이 지금 웃고 있어요."

"그걸 어떻게 아느냐?"

"달은 신선의 거울이니까요. 저 달빛을 보세요. 환하게 빛나고 있잖아요. 달에 비친 신선이 환하게 웃고 있는 거예요."

"그래? 허허, 내가 아는 달 이야기하고는

다르구나."

아버지가 이백의 호기심을 자극했습니다.

"아버지가 아시는 달 이야기는 무엇인데요?"

이백이 눈을 동그랗게 뜨고 물었습니다.

"달에 흰 토끼가 산다는 이야기지."

"토끼가 산다고요?"

"그래. 달에 사는 흰 토끼가 절구통에 불사약을 찧고 있다는 이야기지."

"불사약이 뭔데요?"

"먹으면 죽지 않는 신비의 약이지."

"그 약은 누가 먹나요?"

"글쎄다."

"저는 알아요."

"누가 먹었는데?"

"히히, 제가 먹지요. 흰 토끼가 저에게 준대요."

"정말?"

"네. 이미 받았는 걸요. 음, 달콤해!"

어린 이백은 흰 토끼에게서 불사약을 받아먹은 듯 입을 오물거리며 먹는 흉내를 냈습니다.

"허허, 우리 백이가 신선이 되겠구나!"

아버지는 어린 이백의 머리를 쓰다듬으며 웃었습니다.

이백은 정말 불사약을 먹었는지도 모릅니다. 시를 통해 사람들에게 시선이라 불리며 오늘날까지 살고 있으니까요.

이백

701~762
이름은 이백李白, 자는 태백太白, 호 청련거사青蓮居士
당나라 때의 시인

이백은 쓰촨성혹은 쇄엽성에서 태어났으며, 아버지는 서역과 장사하는 큰 상인이었습니다.

어려서부터 총명했던 이백은 다섯 살 때 갑을병정 같은 육갑六甲을 외우고, 열 살 때 논어와 공자 등을 읽었습니다. 어린 나이에 일찍 글을 깨우친 이백은 시 짓기를 좋아했습니다.

풍부한 학식과 더불어 자유분방한 성격을 가진 이백

이백

은 협객의협심이 강한 사람들과 친하게 지냈습니다. 자신이 보고 듣고 느낀 것을 시를 통해 나타낸 시인 이백은 불의를 참지 못했습니다. 약속을 잘 지키고, 정의를 실천하기 위해 최선을 다하는 협객들에 대한 동경을 시로 나타내기도 했습니다. 협객이 되어 그들과 어울렸고 때로는 도인들과 함께 숲에 들어가 살기도 했습니다.

스물다섯 살 때 큰 뜻을 품고 고향을 떠나 천하의 중심인 장안으로 향했습니다. 뛰어난 학문과 자유분방한 성격에 자신감까지 갖춘 이백은 정치에 등용되어 자신의 재능을 펼치고 싶었습니다. 하지만 정치로의 입문은 이백의 뜻처럼 쉽지 않았습니다. 안사의 난 때, 현종의 16번째 아들인 영왕이린을 도왔다가 반역죄로 몰려 죽음의 문턱에서 겨우 살아났습니다.

학문에 대한 재능과 자신감은 갖추었으나 그 뜻을 펼칠 곳을 쉽사리 찾지 못한 이백은 술과 시, 방랑의 모습으로 살았습니다. 중국 최고의 시인으로 추앙되며 시선詩仙으로 불립니다.

그 시대엔 또 무슨 일이 있었을까?

현종의 부름을 받다

이백은 정치에 큰 뜻을 두고 장안으로 향했지만 뜻은 쉽게 이루어지지 않았습니다. 이백의 직위는 문서의 초안을 잡는 한림공봉이었습니다. 하지만 그 자리는 이백의 큰 뜻을 펼칠 수 있을 만한 중요한 자리가 아니었습니다. 도교에 심취해 양귀비와 불로장생을 꿈꾸던 현종이 이백의 도가적 시풍*신선 사상과 불로장생, 자연 숭배 추구*을 이용하고 듣기 위해 불러들인 것입니다. 자신의 뜻과 맞지 않는 자리에 있으면서 이백은 술에 취해 거리를 노닐었고, 술 취한 상태에서 현종에게 불려와 양귀비에 대한 시를 짓기도 했습니다.

반역 죄인으로 몰리다

755년 안사의 난으로 나라가 위태로워지자 촉으로 도망치던 현종은 태자 이형을 천하병마대원수로 삼아 장안과 낙양을 수복하라고 명하고, 영왕 이린은 산남동도와 강남서도 절도도사를 맡겨 장강 유역을 차지하게 했습니다. 하지만 현종의 조서*임금의 명령을 적은 문서*가 도달하기 전에 태자 이형이 숙종으로 즉위하고 현종을 태상황으로 올렸습니다.

그때 위자춘이 찾아와 영왕이 현종의 명으로 군대를 모아 반군을 평정할 계획을 알렸습니다. 이백은 늘 나라에 큰 보탬이 되고자 했던 사람이었으므로 그를 따라나설 계획이었으나 부인이 숙종이 즉위한 것을 이유로 말렸습니다. 하지만 이백은 현종의 명이 있었고, 숙종 이형과 영왕 이린이 형제간이므로 아무런 문제없을 것이라고 생각했습니다. 하지만 상황은 이백의 생각과 달랐습니다. 현종을 태상황으로 모시고 황제에 즉위한 숙종이 영왕에게 태상황 곁으로 돌아오라는 명령을 내렸는데 영왕이 따르지 않았습니다. 이를 모르고 있던 이백은 졸지에 반역 죄인으로 몰

이백이 베푼 잔치 장면을 그린 도리원도

렸습니다. 영왕 이린은 도망치다가 피살되고 이백은 도망치다가 붙잡혀 심양의 감옥에 갇혔습니다. 이후 영왕 이린이 반역하지 않았다는 것이 드러나 이백은 석방되었으나 숙종은 다시 이백을 유배 보냈습니다.

시선詩仙이 되다

이백은 술을 마시고, 달을 보며 술과 달에 자신의 삶을 빗대어 여러 편의 〈월하독작月下獨酌〉이라는 연작시를 썼습니다. 달빛 아래 시인은 홀로 술잔을 기울이며 홀로 고독을 즐깁니다. 지켜보는 달은 시인의 마음을 알지 못하며 시인은 술에 취해 잠시나마 삶의 번뇌를 잊고자 합니다. 도가 문화의 영향을 받은 이백은 달이나 구름, 호수 같은 자연을 통해 속세의 번뇌에서 벗어나 그곳에서 안식처를 찾기를 바랐습니다.

764년 이백은 좌습유에 추천되었지만 이미 세상을 떠난 뒤였습니다. 사람들은 그가 물에 비친 달을 건지려다 물에 빠져 죽었다고도 하고, 어떤 이들은 시선詩仙인 그가 죽음의 달을 찾아 떠났다고 얘기했습니다.

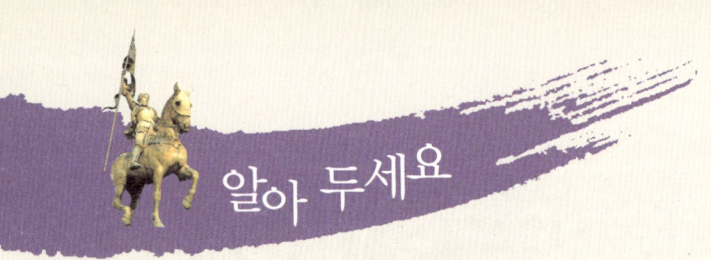

알아 두세요

현종(685~762)

현종은 할머니인 측천무후에 의해 꼭두각시 황제에 올랐던 예종의 셋째아들입니다. 측천무후가 죽은 후 황제가 되고 싶어서 남편 중종을 독살하고 정치를 좌지우지하던 위후를 제거하고 황제의 자리에 올랐습니다. 전국의 인재를 등용하고 율령제도를 완비해 개혁 정치를 펼쳤습니다. 백성들의 어려움을 구제하고 국경지대의 방비를 튼튼히 해 백성들의 삶을 안정되게 했습니다. 사회 경제도 크게 발전해 태종 때의 '정관의 치'에 버금가는 태평성대인 '개원의 치'를 열었습니다. 742년 연호를 천보로 바꾸었으며, 이 시기에 현종은 양귀비에게 빠져 국정을 간신들에게 맡겼습니다. 그리하여 안사의 난이 일어나며 전국은 혼란에 빠졌습니다.

당나라 시대의 궁녀 벽화

고력사(684~762)

고력사는 중국 당나라 현종 때의 환관으로, 현종의 두터운 신임을 얻고 권세를 부려 환관에 의한 세도정치 정치의 권력을 장악한 사람이나 무리에 의해 정사가 좌우되는 정치를 부린 인물입니다. 현종의 신임을 바탕으로 내정의 권력을 장악해 표기대장군의 자리에 올랐으며, 현종이 양귀비에게 빠져 정사를 잘 돌보지 않던 천보시기에는 그 위세가 더욱 높아져 대신들은 물론 이고 황족들마저 그의 눈치를 살피게 만들었 습니다.

맹호연(689~740)

중국 당나라의 시인으로, 고독한 전원생활을 즐기며 자연의 정취를 담은 작품을 많이 남겼습니다. 도연명을 존경했으며, 이백 또한 맹호연을 당대의 도연명이라 칭송했습니다. 맹호연은 이백의 시를 맑은 물에서 피어난 연꽃과도 같다며 서로의 시를 칭송했습니다.

안사의 난으로 죽임을 당한 양귀비

양국충(?~756)

양귀비의 친척으로 원래 이름은 양소였으나, 현종의 총애를 받아 '국충'이라는 이름을 하사 받아 양국충이 되었습니다. 현종의 총애를 받는 양귀비의 힘을 믿고 뇌물을 받고 관직을 팔았으며, 백성들의 재물을 수탈하는 등 갖은 악행을 저질렀습니다. 안녹산의 세력이 커지자, 현종과 안녹산 사이를 이간질해 안녹산의 난을 일으키게 했습니다.

양귀비(719~756)

이름은 옥환으로 현종의 18번째 아들인 수왕壽王의 비였습니다. 하지만 현종의 눈에 들어, 현종은 아들에게 새 아내를 맞게 해주고 자신의 귀비로 책봉했습니다. 귀비이지만 황후와 다름없는 생활을 하며 그녀의 친척들을 관직에 등용시켜 정권을 장악하게 했습니다. 안녹산의 난 때 현종과 함께 촉으로 도망가던 중 현종의 호위 군사들에 의해 죽임을 당했습니다.

중등 사회

삶을 노래한 중국 최고의 시인
두보

두보가 석호리를 지나고 있을 때였습니다.

"다 뒤져라!"

한 관리가 병사들에게 소리치자 병사들이 뿔뿔이 흩어져 백성들의 집을 뒤지기 시작했습니다.

"살려주세요. 살려주세요."

병사들은 마을에서 사내들을 징병^{병역 의무자를 강제적으로 징집해 병역에 임하게 하는 일}하고 있었습니다.

"없어요. 지난번에 다 끌려갔다고요."

아주머니가 젖먹이 아이를 끌어안고 울부짖었습니다. 마을은 한바탕 난리가 났습니다. 마치 적들이 쳐들어온 것처럼 도망 다니며 울고 소리쳤습니다.

"도대체 이 난은 언제 끝날 것인가?"

두보는 안사의 난으로 고통 받는 백성들을 보며 마음이 답답했습니다.

"더 이상 없습니다. 지난번에 다 징병해서 마을에는 남자라고는 아이들과 노인들뿐입니다."

"창을 들고 뛸만 하면 다 뽑아라."

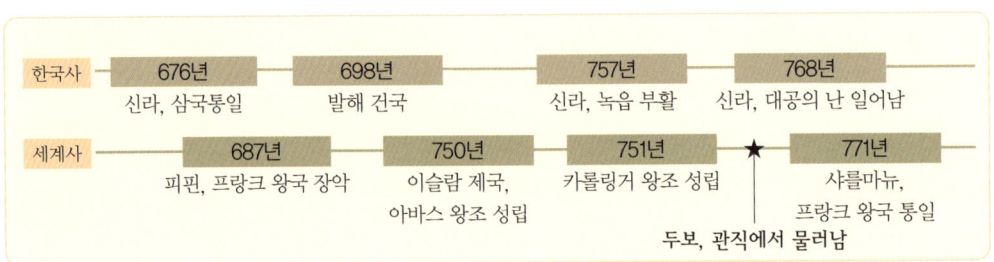

병사들이 다시 집을 뒤지기 시작했습니다.
"안 돼요. 아직 열두 살밖에 되지 않았어요."
"어머니, 어머니!"
아이의 엄마가 아이를 부둥켜안고 울부짖었습니다.
"이보시오. 너무 하는 거 아니오?"
두보가 관리를 말리고 나섰습니다.
"저리 비키시오. 지금 이러는 것은 국법을 어기는 것이오."
관리는 막무가내였습니다.
"황제께서 아이들까지 징병하라고 하셨소?"
두보는 대들고 나섰지만 병사들에 의해 멀찍이 내동댕이쳐지고 말았습니다.

두보는 흙바닥에 쓰러진 채 눈물을 흘렸습니다. 그때 한 할아버지가 후다닥 도망치는 것이 보였습니다.

"안 돼요. 없어요. 더 이상 없어요."

그 집에서 백발의 할머니가 병사의 옷깃을 잡고 문 밖으로 끌려나왔습니다. 병사는 할머니를 밀쳐냈습니다.

"분명 늙은이가 도망친 것 같은데."

병사가 주위를 두리번거리며 할머니를 다그쳤습니다.

"없어요. 정말 아무도 없다니까요."

할머니가 울면서 매달렸습니다.

"뭐해? 빨리 끌고 와!"

관리가 소리쳤습니다.

"예, 알겠습니다."

병사가 다시 집을 뒤지려 하자 할머니가 다리를 붙잡고 매달렸습니다.

"이미 아들 셋을 모두 데려갔잖아요."

"늙은 할아범이 남았잖아."

"살려주세요. 셋 중에 둘은 병사했다고 통지서까지 왔어요."

"나도 어쩔 수 없어."

"그럼 저를 데려가세요."

"뭐?"

"늙은 몸이지만 필요하다면 따라 갈게요. 가서 밥이라도 지을 테니 저를 데려가세요."

결국 병사는 할머니를 끌고 갔습니다. 병사들이 모두 물러간 뒤 마을 사람들은 엉망이 된 집안을 정리하며 눈물을 쏟았습니다. 두보는 할머니가 끌려간 집으로 들어가 눈물을 흘리며 이것저것 정리하기 시작했습니다. 어둠이 내려앉은 저녁 무렵에 한 노인이 마당으로 들어왔습니다.

"뉘시오? 뉘신데 우리 집에 계십니까?"

두보는 할머니가 끌려간 이야기를 해주었습니다. 할아버지는 가족들이 모두 전쟁터로 끌려간 빈 집에 홀로 남아 밤새 눈물을 흘렸습니다.

두보는 이날 겪은 슬픔을 〈석호리〉라는 시로 남겼습니다.

두보

- 712~770
- 이름은 두보杜甫, 자는 자미子美, 호는 소릉少陵
- 당나라 때의 시인

두보는 허난성 궁현에서 태어났습니다. 소릉少陵에서 산 적이 있어서 스스로 소릉少陵이라 호를 지은 두보는 당나라 초 유명한 시인 두심언의 손자입니다. 일찍 글을 깨우쳐 일곱 살 때부터 시를 짓기 시작했습니다. 뛰어난 학식과 감성을 갖춘 두보는 열네 살 때부터는 당대의 문인들과 교류하며 널리 이름을 알렸습니다.

두보

20대 초반부터 여러 곳을 떠돌아다니며 시를 짓고 문인들을 만난 두보는 30대 때에는 당대 최고의 시인이었던 이백을 만났습니다.

유학자 가문에서 태어난 두보는 정치에 큰 뜻을 품고 스물세 살 때 진사에 응시했는데 낙방을 하고 말았습니다. 그리하여 다시 방랑길에 오른 두보는 서른다섯 살 때 다시 한 번 과거시험을 보았으나 역시 떨어지고 말았습니다. 그것은 실력 때문이 아니라 간신들이 인재를 구하려 하지 않았기 때문입니다.

정치에 입문하지 못한 채 시를 통해 세상을 말하던 두보는 마흔네 살에 겨우 우위솔부주조참군이라는 말직에 올라 떨어져 지내던 가족을 데리러 봉선현으로 갔습니다. 하지만 그곳에는 어린 자식이 굶주림으로 죽어 있었습니다. 두보는 이때의 마음을 〈서울에서 봉선현으로 가 읊은 오백 자의 감회〉라는 시로 썼습니다.

자신의 큰 뜻을 제대로 정치에 펼치지는 못했지만 시대의 아픔을 몸소 겪으며 지식인으로 그가 보고 느낀 모든 고통과 슬픔을 시로 승화했습니다. 후대의 사람들은 두보를 역사상 가장 뛰어난 시인이라 칭하며 시성詩聖이라 부르고 있습니다.

그 시대엔 또 무슨 일이 있었을까?

나라에 큰 뜻을 펼치고 싶었으나

두보는 숙종이 현종의 뒤를 이어 즉위했다는 소식을 접하고 나라의 큰 힘이 되고자 숙종에게로 향했습니다. 가는 도중 반란군에 잡혀 장안으로 끌려갔지만 탈출해 숙종을 찾아가 좌습유에 임명되었습니다. 하지만 두보는 패전의 책임을 물어 재상직을 박탈당한 방관을 변호했다가 숙종의 노여움을 샀습니다. 그래서 화주의 사공참군이라는 미관말직으로 좌천되어 관직을 버렸습니다. 숙종의 뒤를 이어 즉위한 대종 때 서천절도사 엄무의 추천으로 검교공부원외랑과 엄무의 진영의 참모를 맡았습니다. 하지만 이미 쉰 살이 넘은 두보는 젊은 관리들과 제대로 어울리지 못하고 가족들이 있는 초당으로 돌아갔습니다.

안사의 난

안녹산安祿山의 난과 사사명史思明의 난을 일컫는 말입니다. 황태자와 양국충이 안녹산이 모반을 꿈꾼다며 현종과 안녹산 사이를 이간질하자, 안녹산은 양국충을 비롯한 현종 주변의 부패를 제거한다는 명목으로 755년 난을 일으켰습니다. 변경의 10개 절도사 가운데 3곳을 겸직하고 있던 안녹산은 15만 명의 막강한 군사를 이끌고 낙양을 함락시킨 뒤 수도 장안

현종과 두 명의 시녀를 그린 〈명황납량도〉

까지 정복했습니다. 하지만 첩의 자식만 좋아한다는 이유로 사이가 좋지 않던 둘째 아들 안경서에 의해 죽임을 당했습니다.

안녹산이 죽은 뒤에도 반란은 끝나지 않고 사사명에게로 이어져 9년이 지난 뒤에야 겨우 평정되었습니다. 그리하여 당의 국력은 크게 쇠약해졌습니다.

당나라 시대의 궁녀 벽화

이백과 만나다

두보는 30대 때 처음 이백을 만났습니다. 이후 '이백이 붓을 대면 비바람도 놀라고, 시가 이루어지면 귀신도 울게 했다'며 이백을 평생 존경하고 사모했습니다. 이백과 두보 모두 정치에 뜻을 두었으나 제대로 뜻을 이루지 못하고 정처 없이 떠도는 방랑 생활을 많이 했습니다. 둘은 양귀비에 빠진 현종과 간신배들로 들끓는 나라에 대해 얘기를 나누었습니다. 이백과 두보는 자주 만나 이야기를 나누는 사이도 아니었고, 열한 살의 나이 차이가 났지만 서로의 시를 좋아하고 사랑했습니다.

초당

관직을 버린 두보는 가족들을 데리고 촉으로 향해 760년 지금의 성도시 서쪽 교외로 갔습니다. 그곳에 꽃을 씻는 시내라는 뜻의 완화계浣花溪 근처에 띠풀로 지붕을 이은 초당草堂을 짓고 살았습니다. 비록 형편은 가난했지만 두보는 이웃과의 사이도 좋고, 맑고 깨끗한 자연을 벗 삼아 평온한 삶을 살았습니다.

알아 두세요

삼리삼별

　삼리삼별三吏三別은 안사의 난 때 지어진 연작시로 〈신안의 관리신안리新案吏〉, 〈동관의 관리동관리潼關吏〉, 〈석호의 관리석호리石壕吏〉의 삼리吏와 〈신혼의 이별신혼별新婚別〉, 〈늙은이의 이별수로별垂老別〉, 〈가족 없는 이별무가별無家別〉의 삼별別을 말합니다. 신안리 같은 경우 징병할 자가 없자 사내아이들과 병약한 노인까지 징병하는 모습을 담고 있습니다. 당시의 사회적 내용을 고스란히 담고 있는 두보의 시는, 시로 표현된 역사라고 해 시사詩史라고 부릅니다.

당의 조정에 모인 각국의 사신을 그린 외국인 사절도 벽화

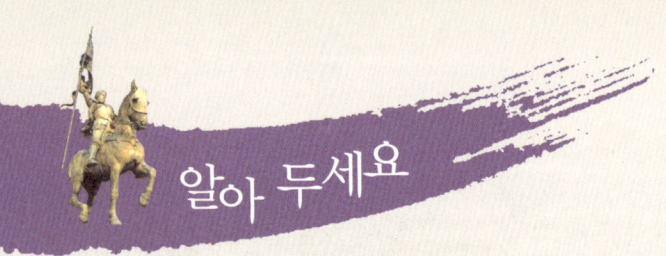

이임보(?~752)

이임보는 현종 때 재상을 지내며 온갖 아첨과 술수로 정권을 휘둘렀습니다. 두보가 진사 시험에서 떨어진 이유 중 하나도 시험을 주관한 이임보가 두보 같은 인재를 현종 곁에 두고 싶지 않았기 때문입니다. 이임보는 재상으로 있으면서 법전을 정비하는 등의 업적을 쌓기도 했지만 대신들을 모함하거나, 황제에게 전하는 충언이나 간언을 막는 등 나쁜 짓을 일삼아 당나라를 쇠퇴의 길로 몰았습니다.

산수화에 씌어진 두보의 시

안녹산(703?~757)

안녹산은 이란계 아버지와 터키계 돌궐족 어머니 사이에서 태어났습니다. 6개국의 언어를 구사할 줄 알았으며 거구였습니다. 현종이 안녹산의 불룩한 배를 가리키며 그곳에 무엇이 들었냐고 묻자, 오직 황제에 대한 충성심만으로 가득하다고 대답했다고 합니다. 또한 양귀비의 환심을 사서 양귀비의 양자가 되었다는 말도 전해지고 있습니다. 757년 사이가 좋지 않던 둘째 아들 안경서의 사주(남을 부추겨 좋지 않은 일을 시킴)를 받은 환관 이저아에 의해 죽임을 당했습니다.

사사명(?~761)

안녹산과 같은 고향 사람으로 안녹산과는 절친한 친구였습니다. 솔간이라 불렸지만 현종이 사명思明이라는 이름을 지어주어 사사명이 되었습니다. 유주절도사를 섬겨 전쟁에서 공을 세웠으며, 안녹산이 난을 일으켰을 때 허베이의 용양을 공략했습니다. 안녹산의 죽음 이후 당나라에 투항했다가 다시 반란을 일으켰습니다.

중등 사회

유럽의 아버지
카롤루스 대제

"황제 폐하, 시칠리아에 또 해적들이 쳐들어왔다고 합니다."
신하가 다급히 달려와 카롤루스 대제에게 고했습니다.
"또 당했단 말이냐?"
"예, 폐하. 내륙은 성벽이 있어서 그나마 괜찮은데, 바닷가 백성들은 해적들이 쳐들어오면 꼼짝 없이 당하고 맙니다."
카롤루스 대제는 걱정이 많았습니다. 지금의 남프랑스 지역과 이탈리아 반도 지역으로 해적들이 출몰해 백성들에게 많은 피해를 입히고 있었습니다.
"지금 당장 대신들을 들라 하라."
카롤루스 대제는 바닷가 백성들이 해적에게 피해를 보는 것을 더는 두고 볼 수 없었습니다.
"함대를 만들고 싶은데 대신들의 생각은 어떠한가?"
"함대를 만드는 것은 쉬운 일이 아닙니다."
"맞습니다. 섣불리 함대를 만들었다가 크게 패하기라도 하면 군인들의 사기가 떨어질 것입니다."
대신들은 함대를 만드는 일에 대해 조심스러워했습니다.

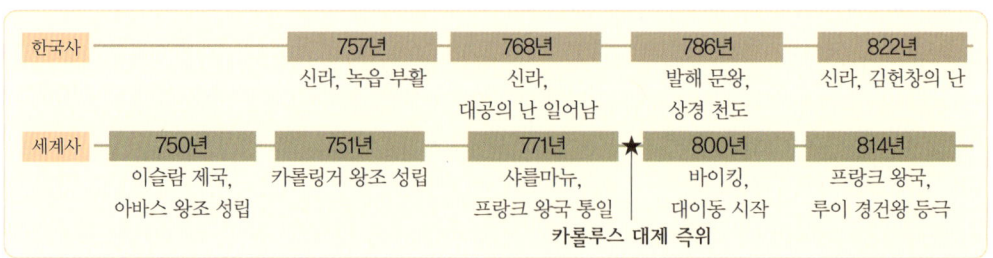

"왜 질 거라는 생각부터 하는가?"

"해적들은 훌륭한 배와 뛰어난 항해술을 가지고 있습니다. 그들과 싸운다는 것은 쉬운 일이 아닙니다."

"그런 생각들을 하고 있으니 못 싸우는 것이야."

카롤루스 대제는 대신들을 향해 소리쳤습니다.

"해적들이 우리보다 뛰어난 항해술을 가지고 있다면 그만큼 오랜 경험을 가지고 있기 때문이네. 우리가 일찍 함대를 만들고 경험을 쌓았다면 그들이 쉽게 우리의 바다를 넘보지 못했을 것이야."

카롤루스 대제의 말에 대신들은 대꾸도 못하고 서로 눈치만 살폈습니다.

"나는 함대를 만들 것이다. 바닷가 백성들 중 항해술이 뛰어난 자들을 선발해 함대를 조직하라. 더불어 내륙의 병사들 중 전투력이 뛰어난 병사들을 함대에 함께 포함하라."

"예, 폐하."

드디어 함대가 만들어져 서유럽의 바다를 지키기 시작했습니다. 그리고 얼마 후 함대는 해적들과 만났습니다.

"어찌 되었느냐?"

"예. 우리 함대의 병사들이 해적선에 뛰어들어 해적들을 모두 물리쳤다고 합니다."

"거 봐라. 때로는 약해 보이는 자가 승리하는 것이 전쟁이라 하지 않았더냐. 하하하!"

카롤루스 대제는 기분이 좋았습니다. 지금처럼 현대적 무기가 있던 시절이 아니기 때문에 해전이라고는 하지만, 적의 배에 올라타 육탄전을 벌이는 경우가 많았습니다. 그것은 내륙에서 싸우는 것과 마찬가지였습니다. 정복 전쟁을 치르며 이미 내륙에서 많은 전투를 치러본 제국의 군인들은 해적들을 손쉽게 물리쳤습니다.

"폐하, 교황의 서신이 당도했습니다."

신하가 교황의 편지를 카롤루스 대제에게 바쳤습니다.

"읽어 보아라."

카롤루스 대제는 대신들이 모두 들을 수 있도록 큰 소리로 교황의 편지를 읽게 했습니다.

"신의 은총과 성모마리아의 보살핌을 받으신 카롤루스 대제의 신중하고 과감한 결정으로 우리가 사는 모든 지방의 경계가 지켜지니 온 나라에 기쁨이 넘칩니다. 대제와 나는 앞으로도 신의 자손들이 평화롭고 안전하게 살 수 있도록 힘을 합쳐 지켜나가야 하는 것을 잊지 맙시다."

교황의 편지는 카롤루스 대제가 해적을 물리쳐서 제국 전체의 경계가 안전하게 지켜지고 있음을 축하하는 내용이었습니다. 카롤루스 대제는 지금의 남프랑스 지역에는 아키텐 함대를 만들고, 이탈리아 반도 쪽에는 이탈리아 함대를 만들어 서유럽의 바다를 해적들로부터 지켰습니다.

카롤루스 대제

- 742~814
- 이름 샤를마뉴
- 카롤링거 왕조의 제2대 프랑크 국왕

카롤루스 대제는 프랑스에서는 샤를 대제를 뜻하는 샤를마뉴로 불리고, 독일에서는 카를 대제 Karl Magnus, 영어식으로는 찰스 대제 Charles Great라 불립니다. 그가 살아 있던 동안에는 라틴어로 카롤루스 대제 Carolus Magnus라 불렸습니다. 후대에 각 지역별로 다른 이름으로 불리고 있는 카롤루스 대제는 그만큼 전 유럽에 커다란 영향을 미친 인물입니다.

카롤루스 대제 은화

카롤링거 왕조를 세운 아버지 피핀이 768년에 죽은 후 분할 상속의 전통에 따라 동생 카를로만과 왕조를 나눠가졌지만, 771년에 카를로만이 죽음으로써 카롤루스가 카롤링거 왕조 전체를 다스리는 제2대 국왕이 되었습니다. 국왕이 된 후 영토 확장에 힘쓴 카롤루스는 오늘날의 프랑스·스위스·이탈리아·네덜란드·독일·벨기에 등 서유럽 전반을 차지하는 대제국을 이루었습니다.

799년에는 반대파들로부터 위협을 받은 교황 레오 3세를 도와주었으며, 800년 크리스마스 날에는 성 베드로 성당에서 서로마 황제의 대관식을 갖고 카롤루스 대제가 되었습니다.

영토 확장을 통해 서유럽 전반을 차지하고, 교황으로부터 황제로 인정받은 카롤루스 대제는 서유럽의 정치적 종교적 통일을 이루었습니다. 영토를 넓히느라 수없이 많은 전쟁을 치렀지만, 47년의 통치 기간 동안 교회 조직을 국가 통치 수단으로 삼아 이슬람 세력으로부터 유럽의 기독교를 지켜냈습니다. 로마 제국의 분열 이후 쇠퇴한 문화를 꽃피운 유럽의 아버지로 불리고 있습니다.

그 시대엔 또 무슨 일이 있었을까?

비잔티움제국과 로마 교황의 갈등

비잔티움제국의 황제 니케포루스와 로마 교황 레오 3세는 성상^{聖像}예배를 두고 갈등을 빚었습니다. 교황은 성상 숭배를 인정해야 한다고 주장했지만, 비잔티움제국은 성상 숭배는 하느님이 아닌 존재나 사물을 하느님처럼 여기는 우상 숭배일 뿐이라며 성상 파괴를 주장했습니다. 비잔티움제국의 수도 콘스탄티노플에서는 예수나 성인들의 그림인 성상을 불태우고 파괴했습니다. 당시 서유럽은 글을 아는 사람이 많지 않았기 때문에 교회에 장식된 다양한 그림들은 성인들을 이해하고, 성서를 이해하는 데 많은 도움을 주었습니다.

서로마의 황제가 되다

이슬람의 급성장으로 서유럽은 불안에 떨었습니다. 로마 붕괴 이후 서유럽에는 자신들을 지켜줄 강력한 황제가 없었습니다. 이때 나타난 것이 카롤링거 왕조였습니다. 카롤루스 대제는 수십 차례의 전쟁을 통해 영국, 이탈리아 남부, 지금의 에스파냐와 포르투갈 등이 있는 이베리아 반도 등을 제외한 서유럽 전반을 모두 차지하는 제국을 이루었습니다. 교황은 비잔티움과의 갈등, 이슬

카롤링거 왕조의 제2대 국왕인 카롤루스 대제

람을 비롯한 이민족을 밀어낼 힘을 갖춘 카롤루스 대제를 서유럽을 지킬 서로마제국의 황제로 인정했습니다.

봉건제도로 제국을 다스리다

카롤루스 대제는 거대한 영토를 차지해 제국을 이루었지만 제국의 중앙권력이 지방까지 강력하게 미치기는 어려웠습니다. 그들로부터 직접적으로 세금을 걷기도 어려웠으며, 지방의 반란과 이민족의 침략에 늘 신경 써야 했습니다. 그래서 카롤루스 대제는 정복한 영토를 신하들에게 봉토로 나누어주고 관리하게 하는 봉건제도를 시행했습니다. 봉토를 받은 신하인 영주들은 그 지역의 안전을 관리하고 부역과 공납의 의무를 담당하는 농노들을 관리해 세금을 걷었습니다. 대신 카롤루스 대제는 영주들을 관리하고 감시하기 위해 순찰사를 파견했습니다. 또한 영주들에게 새로운 토지를 주고, 기존의 토지를 돌려받는 등의 방법으로 영주들이 한 곳에 오래 머물며 세력을 키울 수 없도록 했습니다. 이후 봉건제도는 변화하고 발전하며 중세 유럽을 이끌었습니다.

터키 최대의 도시로 그리스 시대에 비잔티움으로 불린 이스탄불 항

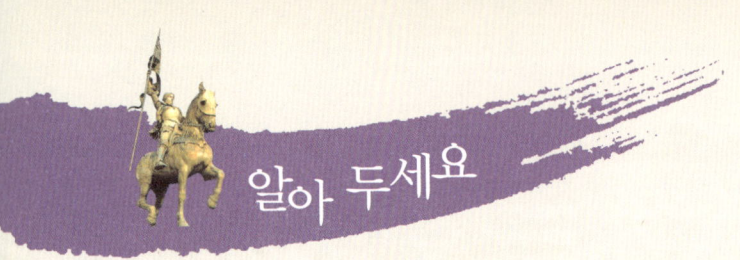
알아 두세요

카를 마르텔(688~741)
　프랑크 왕국에서 왕국의 최고 관리인인 궁재를 맡았던 인물입니다. 732년 에스파냐로부터 침입한 이슬람 세력인 아라비아군을 물리치며 유럽의 영웅이 되었습니다. 프랑크 왕국 메로빙거왕조의 왕권이 약화되면서 737년 이후 왕국의 주도권을 잡았습니다.

레오 3세(675?~741)
　비잔티움제국의 황제로 726년 우상숭배금지령을 발표하고 730년 이를 공식화해 성상 파괴 논쟁을 일으켰습니다. 이후 100여 년 동안 성상 파괴와 성상 숭배가 반복되다가 843년 성상 숭배가 다시 살아나 점차 성상 파괴가 이단으로 몰리며 성상 숭배가 전통으로 자리 잡았습니다.

성소피아 대성당

피핀(714~768)

카를 마르텔의 아들로 키가 작아 단신(短身)왕 피핀으로 유명합니다. 아버지가 죽은 후 형 카를만과 함께 프랑크 왕국의 동부와 서부의 궁재가 되어 프랑크 왕국의 실권을 장악했습니다. 747년 형의 은퇴 뒤 프랑크 왕국 동서를 모두 장악했으며, 751년 프랑크 왕국의 국왕을 폐하고 왕위에 올라 카롤링거 왕조 시대를 열었습니다.

카롤루스 대제와 피핀

아헨대성당

아헨대성당은 독일 서부 노르트라인베스트팔렌주 아헨에 있는 대성당입니다. 아헨은 온천이 유명한 도시로, 카롤루스 대제가 아헨에 궁정과 성당을 지으면서 서로마제국의 정치와 문화의 중심지가 되었습니다.

카롤링거 르네상스

귀족 가문 출신이지만 카롤루스는 글을 몰랐습니다. 하지만 교육의 중요성을 알고 있었기 때문에 교회와 수도원에 부설학교를 장려하고, 궁에는 궁정학원을 세워 학문과 예술을 가르치도록 했습니다. 또한 고전 문헌을 널리 수집하고 여러 나라의 훌륭한 학자들을 초빙해 강연회를 개최해 문학이 크게 발전했습니다. 그리고 아헨 대성당과 궁전을 비롯한 크고 화려한 건축물들을 많이 세움으로 해서 건축과 조각, 회화 같은 예술들이 함께 발전했습니다. 로마 멸망 후 침체기에 빠졌던 서유럽의 문화는 '카롤링거 르네상스' 라 불리며 카롤루스 대제의 통치시대에 다시 꽃피기 시작했습니다.

아헨대성당

중등 사회

주자학을 확립한
주자

"주자, 시강侍講을 맡아 주시오."

재상 조여우가 주자를 찾아와 말했습니다.

"시강이라니요? 제가 어찌 시강을 한단 말입니까."

시강은 황제나 태자 앞에서 학문을 강의하는 직책이었습니다. 주자는 주자학이라 불리는 학문을 세워 사람들에게 공자孔子나 맹자孟子처럼 주자朱子로 존경받는 대학자가 되어 있었습니다.

주자는 예순다섯 살 때 재상 조여우의 추천으로 시강이 되었습니다.

"한탁주 일파가 조여우를 몰아낼 거라는 소문이야."

"쉽지 않을 거야. 한탁주와 조여우 모두 황제를 즉위시킨 공신들이잖아."

"그래도 지금 한탁주 일파가 더 힘이 세잖아."

궁에 입궐한 지 얼마 지나지 않아 주자는 신하들이 수군덕거리는 소리를 들었습니다.

며칠 뒤 조여우에게 유배령이 내려졌습니다. 주자는 황제께 조여우를 편드는 상소문을 올렸습니다.

"뭐? 주자가 조여우를 위해 상소문을 올려?"

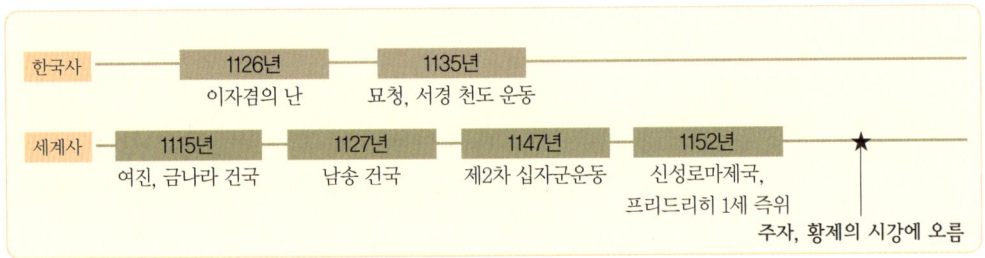

이 소식을 전해 들은 한탁주는 화가 나 소리쳤습니다. 한탁주는 당장 자기편의 신하들을 모았습니다.
"주자를 몰아내야겠소."
"어떻게 말입니까? 그는 온 나라에 대학자로 소문이 난 사람입니다."
"주자의 학문을 위학으로 몰면 됩니다. 그 동안 경전을 중요하게 생각해 오지 않았습니까. 그런데 주자는 사서를 더 중요하게 생각하고 있습니다. 또한 이와 기에 대한 얘기를 하면서 세상을 혼란스럽게 하고 있지 않습니까. 그게 바로 위학정도에 맞지 않는 학문입니다. 거짓 학문인 것이지요."
한탁주와 패거리는 황제께 주자의 학문이 위학이라고 고했습니다. 영종 황제는 자신을 황제로 만든 한탁주의 말을 믿었습니다.
"주자를 시강에서 파직시키도록 하라."
시강이 된 지 겨우 45일 만에 주자는 파직이 되고 말았습니다.
일은 거기서 그치지 않았습니다.
"주자의 책을 모두 금서로 지정하며, 주자의 학문은 위학이므로 모든 학생들

은 주자학을 배워서는 안 된다."

"스승님, 이게 어찌 된 일입니까? 선생님의 책이 금서라니요?"

"우리의 학문이 위학이라니요?"

제자들은 주자를 찾아와 울었습니다.

"스승님, 큰일 났습니다."

한 제자가 헐레벌떡 달려왔습니다.

"무슨 일이냐?"

"주자학을 받은 모든 관리들을 파직시킨다고 합니다."

"한탁주 일파가 주자학을 완전히 죽이려고 작정한 것 같습니다."

한탁주 일파의 공격은 날로 거세져 제자들 중 일부는 유배되어 죽임까지 당했습니다.

"스승님."

제자들은 누워 있는 주자를 보며 눈물을 흘렸습니다.

"너희들을 먼 곳까지 오게 했구나. 지금은 우리의 학문이 위학이라 불리지만 슬퍼하지 말고 열심히 공부하도록 하라. 굳건해야 흔들리지 않고 뿌리를 내리고 전진할 수 있느니라."

주자는 제자들이 지켜보는 앞에서 죽음을 맞았습니다. 끝내 위학자라는 오명은 벗지 못했지만 학자의 모습으로 경건하게 죽음을 맞았습니다.

"스승님, 새로운 황제께서 스승님을 태사 휘국공으로 명하셨습니다."

"새로운 황제께서 주자학을 정치 이념으로 삼으셨습니다."

제자들이 주자의 무덤 앞에 절을 올렸습니다. 주자는 살아서 위학자로 몰렸지만 죽은 후 그의 학문은 다시 살아나 중국의 대표 철학이 되었습니다.

주자

- 1130~1200
- 이름은 주희朱熹, 자는 원회元晦, 호는 회암晦庵, 운곡산인雲谷山人
- 남송 시대의 사상가

주자는 남건주 우계현에서 아버지 주송과 어머니 축씨 사이에서 태어났습니다. 열네 살 때 아버지를 여읜 주자는 아버지의 유언을 받들어 유명한 학자들을 스승으로 모시고 학문에 전념했습니다. 1146년 아버지의 친구인 유면지의 딸과 결혼해 자식을 얻어 행복하게 살았지만 1176년 아내를 잃었습니다.

주자

결혼하고 몇 년 후인 열아홉 살 때 진사에 합격해 관직에 올랐지만 황제를 직접 보필하거나 고을을 다스리는 현직보다는 사원사당과 서원 관리 같은 명예직을 더 선호했습니다.

명재상이 되어 이름을 알리기보다는 학문에 계속 전념하고 싶었던 주자는 현직에는 오래 있지 않고 계속 명예직에 머물며 스승과 제자들을 만나며 공부를 했습니다.

주자는 여조겸과 육구연 등 수많은 학자들을 만나며 자연스럽게 여러 학파의 학설을 접했습니다. 주자는 여러 학파의 다양한 학설들을 접하며 점점 자신만의 학문과 사상을 완성해 갔습니다.

주자는 예순다섯 살에 정치 인생 중 가장 높은 자리인 황제의 시강이 되었습니다. 하지만 주자가 집대성한 주자학이 위학으로 몰리면서 탄핵되고 말았습니다. 1200년 죽는 순간까지 위학자이자, 반역자 상태로 죽음을 맞았지만 그의 곁에는 제자들이 있었습니다. 영종이 죽은 후 이종이 즉위해주자의 학설을 자기의 통치이념으로 삼으면서 주자의 명예가 회복되었습니다.

그 시대엔 또 무슨 일이 있었을까?

서원을 세우고 후학을 양성하다

　주자는 남강군 지사로 있던 시절 백록동서원을 중수했습니다. 백록동서원은 지금의 강서성 성자현 북쪽 여산오로봉 밑에 있는 것으로 당나라 때 문인 이발이 백록白鹿한사슴을 기르며 독서를 즐겼다 해서 백록동이라 불리게 됐습니다. 그후 오대십국 때 이곳에 여산국학廬山國學이라는 학교가 세워졌고, 송나라 때 서원이 건립되어 백록동서원이 되었습니다. 주자는 닫혀 있던 백록동서원을 다시 열고 백록동서원장이 되어 후학들을 키우기 시작했습니다. 주자는 서원과 정사를 통해 사대부의 이념을 세우고 무력이 아닌 올바른 문화적 · 정치적 이념을 통해 나라를 발전시키고자 노력했습니다.

백록동 서원

오경五經에서 사서四書로

　주자 이전의 유학은 오경 중심의 유학이었습니다. 대부분의 유학자들은 《시경詩經》, 《상서尚書》, 《예기禮記》, 《춘추春秋》, 《역경易經》을 중요하게 생각했습니다. 하지만 주자는 《대학大學》, 《중용中庸》, 《논어論語》, 《맹자孟子》를 더 중요하게 생각했습니다. 그리하여 1190년에 네 권의 사서를 한데 모아 사서집주를 발간했습니다. 사서오경은 모두 옛날 만들어진 것으로 낱말이나 문장, 본문의 뜻을 쉽게 풀이하는 주석을 하지 않으면 이해하기 어려웠습니다. 때문에 많은 유학자들이 사서오경을 풀이했으며, 주자 또한 자신의 철학적 견해를 바탕으로 사서를 집주했습니다. 이때 주자는 이理를 철학의 중심으로 삼고 이理와 기氣 중심인 이기론을 내세우며, 이것을 바탕으로 체계를 잡아 성리학性理學의 기반을 다졌습니다.

주자학

중국 남송의 주희가 완성한 유학의 한 흐름으로 성리학 또는 송학이라고도 합니다. 성리학은 북송의 주돈이에게서 비롯해 정호·정이를 거쳐 주희가 집대성했습니다. 예로부터 내려오는 유교 경전에 대담한 형이상학적인 신해석을 가해 성립시켰습니다. 성리학은 크게 이기론과 심성론으로 나뉘는데, 이기론은 우주의

주희가 쓴 논어집주의 초고

이치를 설한 것이며 심성론은 인간에 관한 문제를 다룬 것입니다. 사람은 우주 안의 존재인만큼 이기론과 심성론은 상호 관계를 가지고 있습니다. 성리학은 이기설에 의한 우주론·존재론·격물 치지를 기초로 한 실천론을 주장했습니다. 성리학이 나오기 이전의 유학은 훈고학으로, 이는 고전을 해석하기 위해주로 문자나 글귀의 의미를 연구했습니다. 성리학은 이에 반기를 들고 우주와 인간의 근본적인 문제를 해결하려는 철학적인 성격을 띠었습니다. 우리 나라에는 고려 말기에 안향에 의해 들어와 조선 시대에 지배적인 학설이 되었습니다. 성리학의 발전으로 전국에 서원이 세워지고 향약이 만들어져 유교적 예의·풍속이 자리잡았습니다. 그러나 조선 중기 이후 지나치게 이론에 치우친 탓으로 실제 생활을 소홀히 했고, 성리학의 계급·파벌이 형성되어 당쟁을 초래하는 역효과를 낳기도 했습니다.

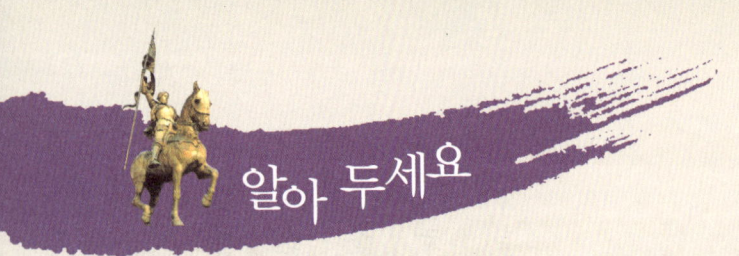

알아 두세요

주돈이(1017~1073)

송대 성리학性理學의 시조로《태극도설太極圖說》을 통해 주역의 태극과 음양오행, 만물의 생성 과정 등을 그림과 함께 짧게 설명해 성리학의 중요 개념인 무극無極 · 태극太極 · 이理 · 기氣 · 심心 · 성性 등을 만들어냈습니다.

정호程顥와 정이程頤

정호1032~1085와 정이1033~1107 형제는 주돈이의 제자입니다. 정호는 인간의 정신세계의 작용을 중요시해 심즉리心卽理를 강조했습니다. 정이는 이理가 태극이자 우주의 근본이며 그것이 여러 사물로 변화하고, 그 사물마다 각기 다른 이치가 있다고 주장했습니다. 주자는 이를 계승해 자신의 철학을 발전시켰습니다.

육구연(1139~1192)

육구연은 심즉리心卽理설을 주장한 사람으로 우주가 곧 내 마음이고, 내 마음이 곧 우주라며 마음心이 곧 이理라고 주장했습니다. 때문에 육구연의 학설은 심학心學이라

주돈이	정호	정이

불립니다.

주자는 우주의 근원을 이理로 보았습니다. 이는 우주에 오직 하나만 존재하며, 그것은 실제는 없는데 실제로 있는 것처럼 느껴지는 기氣로 나타난다고 했습니다. 이것은 서로 의존하며 만물의 모양이나 상태 등을 나타내는 일차적 요인이 된다고 주장했습니다. 인간에게는 선한 '이'가 본성으로 나타나지만 불순한 '기' 때문에 악하게 되기도 하며, 사물의 이치를 연구해 불순함을 없앨 수 있다고 했습니다. 그래서 주자의 학설은 이학理學이라고 불립니다.

여조겸(1137~1181)

남송의 학자로 주자와 두 달을 함께 보내며 북송北宋의 도학자인 주돈이와 정호·정이 형제, 장재의 글과 말 중에서 중요한 것을 주제별로 분류하고 정리해 1175년 북송 도학자 어록인 《근사록近思錄》을 편찬했습니다.

여조겸

남송南宋

남송1127~1279은 중국의 통일왕조인 송宋나라960~1279의 후기를 이르는 말입니다. 여진족이 세운 금金나라의 힘에 밀려 남쪽으로 도망쳐 지금의 항주에 도읍을 정하고 남송이 만들어졌습니다. 송나라의 후기인 남송에 대해 전기를 북송北宋이라고 부릅니다.

《주자어류》와 《주자대전》

《주자어류》는 주자와 문인들, 제자들 사이에 이루어진 문답을 분류해 편찬한 것으로 주자의 어록을 집대성한 책입니다. 《주자대전》은 주자가 평생을 바쳐 저작한 학설과 글, 그리고 편지 등 그의 모든 문예를 모아 편찬한 책입니다.

중등 역사부도

세계 제국의 건국자
칭기즈 칸

"준비는 잘 되었느냐?"

칭기즈 칸이 신하에게 물었습니다.

"예. 며칠 내로 출발할 수 있을 것 같습니다."

"어떤 물품을 준비했느냐?"

"낙타 500마리에 금과 은, 가죽과 털, 방직품 등 서역 사람들이 좋아하는 물품들로 준비했습니다."

칭기즈 칸은 이슬람인들로 구성된 400여 명의 상인들에게 몽골의 물품을 지원해 서역과 장사를 할 수 있게 도왔습니다.

며칠 뒤 몽골 제국의 후원으로 이슬람 상인들은 지금의 카자흐스탄 지역에 해당하는 호라즘으로 떠났습니다.

그로부터 얼마 뒤 병사가 피를 흘리는 누군가를 부축해 칭기즈 칸 앞에 데려왔습니다.

"무슨 일이냐?"

칭기즈 칸은 피를 흘리는 사람이 자기가 보낸 이슬람 상인인 것을 알아봤습니다.

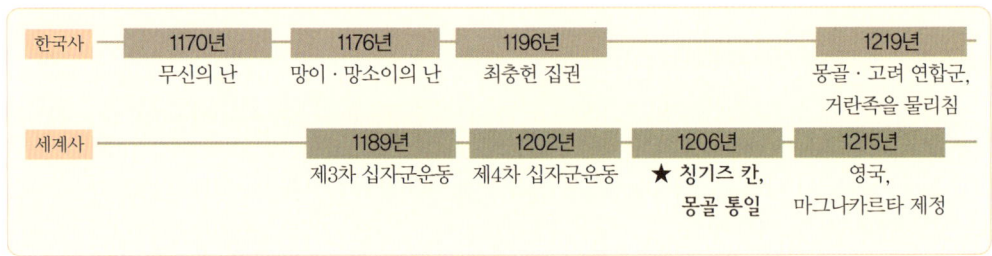

한국사	1170년 무신의 난	1176년 망이·망소이의 난	1196년 최충헌 집권		1219년 몽골·고려 연합군, 거란족을 물리침
세계사		1189년 제3차 십자군운동	1202년 제4차 십자군운동	1206년 ★ 칭기즈 칸, 몽골 통일	1215년 영국, 마그나카르타 제정

"호라즘의 오트라성 성주가 저희들을 간첩으로 몰고 물품을 빼앗았습니다."
"다른 상인들은 어떻게 됐느냐?"
"대부분의 상인들이 죽임을 당했고, 저만 겨우 도망쳐 왔습니다."
"뭐라고?"
칭기즈 칸은 화가 나 소리쳤습니다.
"당장 호라즘을 쳐들어가야 합니다."
칭기즈 칸도 당장 쳐들어가 호라즘을 때려 부수고 싶었습니다. 하지만 호라즘과 쉽사리 전쟁을 벌일 수는 없다고 생각했습니다. 호라즘은 지금의 이란, 아프가니스탄, 파키스탄, 우즈베키스탄에 해당하는 영토를 가진 큰 나라였으며, 중국과 유럽 사이에 위치해 동서 교역을 도맡아 하는 강국이었습니다.
"호라즘과 전쟁을 벌이기 전에 사신을 보내 보도록 하라. 사신을 통해 교역을 원한다고 밝혀라."
칭기즈 칸은 섣부른 전쟁 대신 사신을 보내 몽골 제국의 뜻을 알리려 했습니다.
"대신 우리 상인들의 물품을 빼앗고, 상인들의 목숨까지 앗아간 오트라성의

성주를 우리에게 넘기라고 하라."

칭기즈 칸은 오트라성의 성주만 넘기면 호라즘과 전쟁을 벌이지 않을 생각이었습니다.

"아니, 이게 어찌 된 일이냐?"

사신으로 갔던 두 명의 사신이 수염이 깎여 돌아왔습니다.

"치욕을 당했습니다."

호라즘은 세 명의 사신 중 한 명을 죽이고, 두 명의 사신은 수염을 깎아 국경 밖으로 쫓아버렸습니다.

"더 이상 참을 수 없다. 당장 출병 준비를 하라. 호라즘에 자비는 없다."

"자비는 없다!"

몽골의 군사들은 칭기즈 칸의 말을 따라 외치며 사기를 높였습니다.

"우리의 형제와 가족을 해하는 자에게 용서는 없다."

"용서는 없다!"

"그들에게 줄 수 있는 것은 오직 원수를 갚는 일뿐이다!"

"원수를 갚는 일뿐이다!"

칭기즈 칸은 1219년 가을 군대를 이끌고 호라즘으로 향했습니다. 칭기즈 칸의 군대는 거침이 없었습니다. 태어나면서부터 말을 타며 초원을 달린 유목민족 몽골의 군사들은 제 발로 달리듯이 자유롭게 말을 몰며 호라즘을 공격했습니다. 오트라성은 쉽게 무너졌습니다.

"끝까지 진격하라. 호라즘의 수도로 향한다."

칭기즈 칸은 오트라성은 물론이고, 호라즘의 수도 사마르칸트도 정복했습니다.

칭기즈 칸

1162~1227
이름 테무친鐵木眞, 최고의 쇠로 만든 최고의 인간이라는 뜻
몽골제국의 제1대 칸

테무친은 몽골족 보르지긴 씨족에 속한 예수게이의 아들로, 테무친이라는 이름은 예수게이가 죽인 타타르족 전사의 이름이었습니다. 예수게이는 옹기라트부 보스쿠르 씨족의 족장 데이세첸의 딸 부르테와 약혼을 시키고 돌아오는 길에 우연히 타타르족을 만나 그들이 건네 독이 든 술을 마시고 죽었습니다.

칭기즈 칸

예수게이가 죽자 그를 따르던 씨족들은 다른 지도자를 찾아 떠나고 어린 테무친은 사냥과 채집을 하며 가족들을 돌봤습니다. 점점 용감한 청년의 모습으로 자라고 있는 테무친은 다른 씨족들의 눈에 위협적인 존재였습니다. 그리하여 타이치우드 씨족은 테무친을 노예로 만들었습니다. 하지만 무사히 탈출해 아버지와 친하게 지냈던 케레이트부의 토올리 칸을 찾아가 힘을 키웠습니다.

1195년에는 타타르족이 금나라 변경을 침략하자 테무친은 토올리 칸과 연합해 아버지의 원수인 타타르족을 물리쳤습니다.

1201년에는 한 때 의형제였다가 자신을 배신한 자모카 부족을 패망시키며 몽골 동부지역을 장악했습니다. 1204년에는 나이만 부족을 물리치며 테무친의 이름을 전 몽골에 알렸고, 1206년에는 전 몽골의 대칸이 되어 칭기즈 칸이라는 존호를 받았습니다. 평생 정복 전쟁을 통해 제국의 영토를 넓힌 칭기즈 칸은 1227년 전장에서 병으로 세상을 떠났습니다. 칭기즈 칸은 부족들을 뭉치게 해 하나의 나라를 만들고, 인류 역사상 세계 최대의 제국을 건설했습니다.

그 시대엔 또 무슨 일이 있었을까?

몽골국을 세우다

테무친은 1206년 오논강 상류에서 대집회를 열고 최고 지도자인 '칸Khan'이 되었습니다. 테무친은 그 동안의 부족 집단이 아닌 몽골국으로서의 통치 체제를 만들어갔습니다. 몽골 부족을 95개의 천호千戶라는 집단으로 나누고, 88명의 개국 공신에게 공을 세운 크기에 따라 분배했습니다. 그리고 열다섯 살부터 일흔 살 이하의 남자들은 모두 군적을 갖게 해 평상시에는 남들과 다름없는 생활을 하게 하고, 전쟁이 벌어지면 동원되어 나라를 지키게 했습니다. 또한 위구르 문자로 몽골어를 쓰게 해 몽골민족에게 처음으로 문자를 갖게 했으며, 법을 만들고 사법행정기관을 설치해 법치주의를 펼쳤습니다.

몽골군의 지배자 칸이 된 것을 선언하는 테무친

영토를 확장하다

칭기즈 칸은 케식keshig이라는 대칸의 친위대를 창설했습니다. 친위대는 아무나 될 수 없으며 귀족 자제 중에서 출중한 인재를 선발했습니다. 이들은 단순한 친위대가 아니라 군사와 행정 모든 것에서 칭기즈 칸을 도왔습니다. 약 1만 명의 친위대와 더불어 무역을 하는 이슬람 상인들에게 군사물자를 대주며 협력 관계를 유지해 그들을 통해 첩보활동을 벌이게 했습니다.

몽골 역사의 귀중한 자료를 알려주는 파스파 문자

칭기즈 칸은 1207년 서하 공격을 시작으로 중국 내륙을 장악했습니다. 1218년 교역을 하기 위해 호라즘으로 보냈던 상인들이 무참히 살해당한 것을 계기로 1219년 호라즘을 공격해 오트라 성은 물론이고, 호라즘의 수도 사마르칸트도 정복했습니다. 칭기즈 칸은 도망친 호라즘의 왕을 뒤쫓아 카스피해까지 진격했습니다. 호라즘의 왕이 죽은 뒤에도 진격을 멈추지 않은 칭기즈 칸은 러시아까지 쳐들어갔습니다.

한국汗國

한국은 위구르나 몽골족 같은 중국 변방 민족의 우두머리인 칸이 다스리는 나라를 말합니다. 몽골족은 재산을 가족, 친인척들과 나누는 풍습이 있었기 때문에 칭기즈 칸이 몽골제국을 건설했을 때, 네 명의 아들들이 토벌하고 정복한 지역을 각자 다스리게 했습니다. 각 지역은 독립된 나라가 아니었지만 쿠빌라이가 중국 색채가 강한 원나라를 세운 후 몽골제국은 분열해, 각자 다스리고 있던 지역을 독립국가로 만들었습니다. 칭기즈 칸의 장남 주치가 차지한 킵차크 초원은 킵차크한국, 칭기즈 칸의 둘째 아들 차가타이가 차지한 지역은 차가타이한국, 셋째아들 오고타이가 차지한 지역은 오고타이한국, 몽케의 동생 훌라구가 차지한 지역은 일한국이 되었습니다.

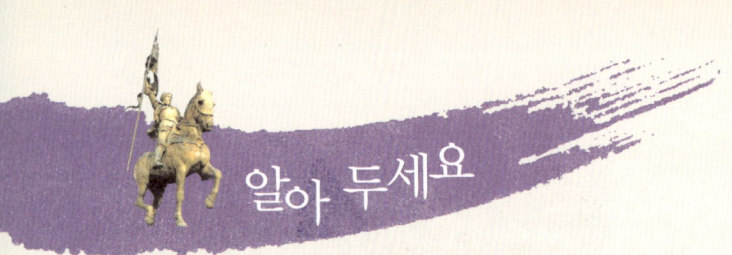

알아 두세요

오고타이 칸(1185~1241)

　몽골제국 제2대 칸으로 칭기즈 칸의 셋째 아들입니다. 젊은 시절부터 아버지를 도와 전쟁터를 돌아다니며 공을 세웠으며, 즉위 후 야율초재의 도움을 받아 정치를 안정시켰습니다. 칭기즈 칸의 정복사업을 계승해 이란과 남러시아, 금나라를 정복했습니다. 유럽의 헝가리와 폴란드 등으로도 세력을 넓혀 거대한 몽골제국을 이룩했습니다.

오고타이 칸

바투(1207?~1255)

　칭기즈 칸의 장남 주치의 차남으로, 킵차크한국의 제1대 군주입니다. 아버지가 정복한 남러시아의 킵차크초원을 물려받아 킵차크한국을 세웠습니다. 1236년 유

사냥길에 오른 원의 세조 쿠빌라이

럽 원정을 통해 폴란드를 침공했으며, 1241년 헝가리의 벨라 4세를 무찌르며 유럽을 떨게 만들었습니다. 폴란드와 헝가리 사람들은 몽골의 기병들을 피해 독일과 이탈리아 등지로 피난을 갔고, 동유럽은 물론 서유럽에까지 몽골군의 소문이 퍼져나가 유럽을 공포로 몰아넣었습니다.

유목 민족 출신들은 가축을 방목해 키울 수 있는 초원을 중요하게 생각했다

몽케 칸(1208~1259)

몽골제국의 제4대 칸으로 칭기즈 칸의 막내아들 툴루이의 장남입니다. 칭기즈 칸 때부터 가족들을 통해 제국의 영토를 넓혔듯이, 몽케 칸 또한 형제와 친족들을 통해 영토를 넓혔습니다. 사촌 바투는 러시아와 폴란드, 헝가리 등 동유럽을 공략하게했으며, 동생 쿠빌라이는 중국과 티베트, 베트남 등지를 정벌하게 했고, 훌라구는 서아시아를 정복하게 했습니다. 몽케 또한 여러 전투에 함께 참전했으며, 남송 정벌을 나섰다가 병사했습니다.

야율초재(1190~1244)

야율초재는 요나라 황족의 자손으로 지리·역사·천문·의학 등 다방면에 많은 지식을 가진 인물입니다. 1215년 몽골군이 금나라 중도^{북경}를 점령하자 칭기즈 칸에게 투항했습니다. 유목민족 출신인 칭기즈 칸은 가축을 방목해 키울 수 있는 초원을 중요하게 생각했습니다. 야율초재는 칭기즈 칸에게 말해 몽골국의 호적 조사를 실시하게 했으며, 이를 바탕으로 세금을 거두고 농업의 생산력을 높일 수 있도록 도왔습니다.

중등 사회

영혼의 세계를 노래한 시인
단테

"단테야, 아버지와 포르티나리 가문의 파티에 가자."

"파티요?"

"그래. 얼른 준비하렴."

단테는 마음이 들떴습니다.

"단테야, 예의 바르게 행동해야 한다."

포르티나리 저택 앞에 도착한 아버지가 단테를 쓰다듬으며 말했습니다.

"예, 아버지."

단테는 아버지를 따라 저택 안으로 들어갔습니다. 저택 안에는 이미 수많은 사람들이 파티를 즐기고 있었습니다.

"안녕하세요. 오랜 만입니다. 제 아들 단테입니다."

아버지는 사람들과 인사를 나누며 단테를 소개시켰습니다.

"아버지! 또 소개시켜 주실 분 없으시면 파티장을 구경해도 될까요?"

"그래. 그러려무나. 하지만 여기는 우리 집이 아니니 아무 곳에나 들어가면 안 된다. 알았지?"

"예. 알겠습니다."

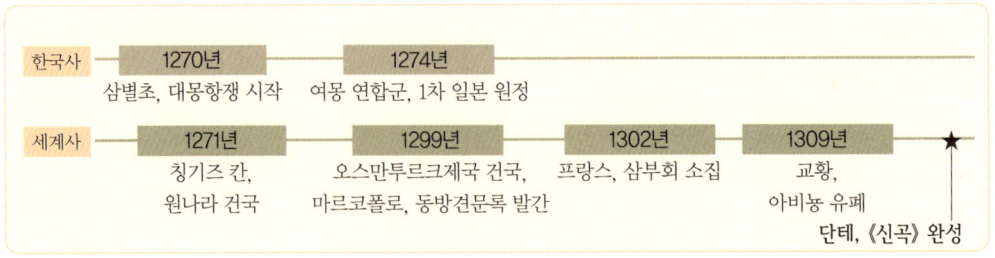

단테는 아버지 곁을 떠나 파티장을 구경하기 시작했습니다. 저택은 크고 화려했습니다. 사람들은 맛있는 음식을 먹으며 이야기를 나누었습니다.

"단테야!"

파티장을 돌아다니고 있을 때 누군가가 단테를 불렀습니다. 돌아보니 이웃에 사는 친구였습니다.

"너도 파티에 왔구나. 이리 와."

단테는 친구가 있는 곳으로 갔습니다. 그곳에는 또래 친구들이 모여 있었습니다. 단테와 친구들은 재미있게 이야기를 나누었습니다.

"파티는 재미있니?"

그때 한 소녀가 단테와 친구들 무리로 다가왔습니다.

"안녕, 파티가 정말 재미있어."

"반가워!"

친구들이 소녀에게 반갑게 인사했습니다.
"누구야?"
단테가 옆에 있는 친구에게 조용히 물었습니다.
"베아트리체라고 이 집의 딸이야."
'베아트리체……'
단테는 속으로 베아트리체를 되뇌었습니다. 그런데 갑자기 모든 것이 사라지고 베아트리체 밖에 보이지 않았습니다.
그날 밤 단테는 잠을 제대로 이룰 수 없었습니다. 베아트리체의 모습에 단테는 온 마음을 빼앗기고 말았습니다.
"단테, 뭘 그렇게 쳐다보고 있어?"
함께 예배를 보러 온 친구가 단테를 툭 치며 말했습니다.
"아니야."
"누구를 쳐다보고 있었던 거 아니야?"
"아니라니까."
단테는 얼굴이 빨개져 고개를 돌렸습니다. 사실, 단테는 건너편에 앉아 있던 베아트리체를 쳐다보고 있었습니다. 그 뒤로도 단테는 먼발치에서 베아트리체를 쳐다보곤 했습니다. 오랫동안 아니, 평생을 마음속으로 베아트리체를 사랑했습니다.

단테

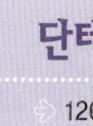

- 1265~1321
- 이름 알리기에리 단테
- 이탈리아의 시인

단테는 지금의 이탈리아 피렌체 산 마르티노에서 태어났습니다. 단테가 태어난 알리기에리 가문은 귀족 집안이었으나, 단테가 태어났을 때는 몰락한 상태로 아버지는 임대와 대부업_{돈을 빌려주고 이자를 받는 일}을 해 가족을 돌봤습니다.

단테

단테는 아홉 살 때 아버지를 따라 포르티나리 가문에서 열린 파티에 갔습니다. 그곳에서 포르티나리의 딸 베아트리체를 보고 첫눈에 반해 훗날 단테의 작품 세계에 아름답고 성스러운 존재로 등장시켰습니다.

수도원에서 경영하는 라틴어 학교를 다녔으며, 피렌체의 석학 라티니에게서 문법과 수사학을 배웠습니다. 이밖에도 볼로냐대학에서 철학과 천문학을 배웠습니다. 미술과 음악, 시학, 신학과 지리, 정치 등 다방면에 대해 공부했습니다.

단테는 1295년 피렌체의 약제사_{약사} 조합에 가입했습니다. 당시 약제사 조합은 문인이나 지식인들과 좋은 관계를 가질 수 있었습니다. 단테는 조합 가입을 통해 정계에도 진출했습니다. 약제사 조합을 비롯한 피렌체의 수많은 조합의 위원들 중에서 3인의 최고 위원 중 한 사람으로 뽑혀 정치를 했습니다.

하지만 단테의 정치 생활은 쉽지 않았습니다. 1302년 자신과 뜻이 맞지 않은 정치인들에 의해 추방당했습니다. 그후 다시는 피렌체로 돌아오지 않고 《향연》, 《신곡》 등 훌륭한 작품을 남기고 1321년 라벤나에서 말라리아로 죽음을 맞았습니다.

그 시대엔 또 무슨 일이 있었을까?

영원한 사랑 베아트리체

단테는 1274년 5월 1일 베아트리체에게 첫눈에 반한 뒤, 9년 뒤인 1283년 5월 1일 둘은 우연히 거리에서 만났습니다. 그때 베아트리체가 처음으로 단테에게 말을 건넸습니다. 단테는 그때의 기분을 작품 《새로운 인생》을 통해 '그녀가 나에게 인사를 한 순간, 나는 더 없는 행복을 보았다.'고 표현했습니다. 하지만 모든 것은 단테의 마음속에 있었습니다. 단테는 열두 살 때인 1277년 이미 기사 마네토 도나티의 딸 젬마와 약혼을 했습니다. 당시는 가문간의 혼인이 이루어지던 시대로 젬마와의 약혼은 단테의 뜻과는 상관이 없었습니다. 1285년 단테는 젬마와 결혼을 했습니다.

현실에서는 이루어질 수 없는 사랑 베아트리체에 대한 이야기는 영혼의 세계를 그린 《신곡》에서도 나타납니다. 스물네 살 젊은 나이에 세상을 떠난 베아트리체를 《신곡》 천국편에 등장시키며 영원한 사랑 베아트리체를 성스러운 존재로 승화시켰습니다.

정치가 단테

단테는 감수성 풍부한 시인이기도 했지만 피렌체의 정치가이기도 했습니다. 당시 피렌체는 교황파인 겔프당과 신성로마제국의 황제파인 기벨린당으로 나뉘어 심한 당파 싸움을 겪고 있었습니다. 1301년 교황 보니파키우스 8세가 토스카나 남부의 땅을 차지하기 위해 피렌체에 2백 명의 기병을 보내달라고 요청했을 때, 단테는 교황의 요청을 적극적으로 반대하고 나섰습니다. 안건은 몇 표 차이로 통과되었지만, 교황은 피렌체가 자신의 뜻을 적극 따르게 하기 위해 프랑스 귀족 샤를의 군대를 이탈리아로 파견했습니다. 피렌체는 전쟁을 막기 위해 단테를 포함한 사절단을 로마로 파견했으며, 피렌체는 교황파인 겔프당에 적극 충성할 것을 맹세했습니다.

하지만 단테는 로마에 억류억지로 머무르게 함당했다가 피렌체로 돌아가는 길에 겔프당에 의해 공직을 박탈당하고 피렌체에서 추방한다는 소식을 접했습니다.

1315년 피렌체가 추방자들에 대한 죄를 사면한다는 제안을 했지만 단테는 사면의 조건인 막대한 벌금과 잘못을 인정하고 시민들 앞에 공개 사과를 하라는 것을 따르기 싫어 죽을 때까지 피렌체로 돌아가지 않았습니다.

이탈리아어를 살린 《신곡》

단테는 《신곡》을 통해 당시의 현실을 묘사했으며, 이탈리아 방언 중 하나인 피렌체 방언으로 《신곡》을 썼습니다.

단테는 《신곡》에 앞서 지은 《향연》에서 이탈리아어는 라틴어가 쇠퇴하는 시점에 떠오르는 새로운 빛이며, 태양이라고 표현했습니다. 당시 이탈리아반도는 여러 도시 국가 형태를 하고 있어서 저마다 조금씩 다른 방언을 쓰고 있었습니다. 라틴어가 공용어였으며, 이탈리아어는 라틴어에 빗대어 속어로 불리고 있었습니다.

단테는 속어로 불리던 피렌체 방언으로 《신곡》을 씀으로 해서 후대에 이탈리아어가 자리 잡는 데 큰 공을 세웠습니다.

《신곡》을 설명하는 단테

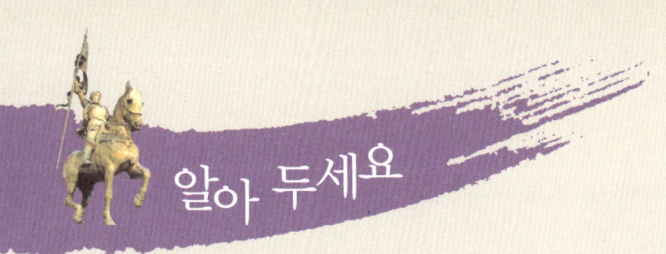

알아 두세요

《신곡》

　《신곡》은 〈지옥〉 33곡, 〈연옥〉 33곡, 〈천국〉 33곡으로 이루어져 있고, 여기에 서곡이 합쳐져 모두 100곡으로 이루어진 장편 서사시입니다. 하나의 곡은 150행 내외로 이루어져 있으며 전체 1만 4233행에 이르는 대작입니다.

　《신곡》은 로마의 건국 신화가 담긴 서사시 〈아이네이스〉를 쓴 베르길리우스가 단테를 죽은 자들의 세계로 인도하는 것으로 쓰여 있습니다. 첫 번째로 간 지옥에서 단테는 교황을 비롯한 자신의 적들을 보았으며, 연옥에서는 친구들과 존경하는 스승 B. 라티니를 만났습니다. 마지막 천국에서는 사랑하는 베아트리체를 만났습니다.

들라크루아의 〈지옥의 단테와 베르길리우스〉

조반니 보카치오(1313~1375)

보카치오는 이탈리아의 소설가로 단편소설집 《데카메론》을 지은 근대소설의 선구자입니다. 단테를 존경하고 그의 작품을 사랑한 보카치오는 《단테전》을 집필하고, 피렌체 교회에서 《신곡》을 강의하기도 했습니다. 《데카메론》은 보카치오가 상인이 되기 위해 돌아다니며 보고 듣고 경험했던 것들이 바탕으로 해 쓴 작품입니다. 전염병인 페스트를 피해 피렌체 교외의 별장으로 몸을 피한 10명이 나누는 이야기인데 후대의 사람들은 단테의 《신곡神曲》에 빗대어 《데카메론》을 《인곡人曲》으로 표현하고 있습니다.

보카치오

베아트리체(1266?~1290)

피렌체 폴코 포르티나리의 딸로 단테가 아홉 살 때 그녀를 보고 첫눈에 반했습니다. 은행가 시모네 디 발디와 결혼했지만 1290년 스물네 살의 젊은 나이에 세상을 떠났습니다. 단테에게는 시를 쓰는 이유인 시혼詩魂의 원천근원이 되는 여인이었습니다. 단테는 이십 대의 젊은 나이에 세상을 떠난 베아트리체를 천국에 보내어 동정녀 마리아의 모습으로 승화시켰습니다.

보니파키우스 8세(1235?~1303)

본명은 베네데토 카이타니이며, 명문 귀족 출신입니다. 교회법 학자 출신으로 추기경 등의 요직을 거쳐 교황이 되었습니다. 왕권보다 교황권의 우위를 주장해 프랑스 왕 필립 4세가 주장한 성직자 재산에 대한 과세와 성직자에 대한 임명권을 행사하는 것에 반대하는 등 왕권과 대립했습니다. 1303년 프랑스 왕 필립 4세와 세금 문제를 놓고 다툼이 심해져 신도 자격을 빼앗고 파문시켜 버렸습니다. 이에 필립 4세의 명을 받은 로마 법학자 기욤 드 노가레에 의해 감금당하고 퇴위를 강요당하다 사망했습니다.

 중등 역사부도

베네치아의 상인
마르코 폴로

　마르코 폴로의 아버지 니콜라는 베네치아에서 유명한 상인이었습니다. 폴로의 가족은 무역업을 했기 때문에 아버지가 집에 있는 날이 별로 없었습니다. 니콜라는 아내가 임신했을 때도 동생 마페오와 함께 무역 원정을 떠나 있었습니다. 마르코 폴로의 어머니는 니콜라가 집에 없을 때 마르코 폴로를 낳았습니다. 그러나 어머니는 갓 태어난 폴로를 남겨두고 세상을 떠나고 말았습니다.

　"이를 어쩌면 좋아요."

　친척들은 천진난만하게 웃고 있는 마르코를 보며 슬퍼했습니다.

　"불쌍한 마르코, 내가 널 잘 길러주마."

　고모는 눈물을 흘리며 마르코를 안았습니다. 마르코 폴로는 세상에 혼자 남겨졌습니다. 언제 돌아올지 모르는 아버지를 기다리면서 말입니다. 다행히 마르코 폴로는 부유한 가문에서 태어났기 때문에 큰 어려움 없이 자랐습니다. 다만 한 가지 아버지의 얼굴을 보는 건 어려운 일이었습니다.

　그러는 사이 마르코 폴로는 씩씩하게 자랐습니다.

　"고모, 아버지는 언제 돌아오시나요?"

　"글쎄다. 이번 원정은 꽤 오래 걸리시는구나."

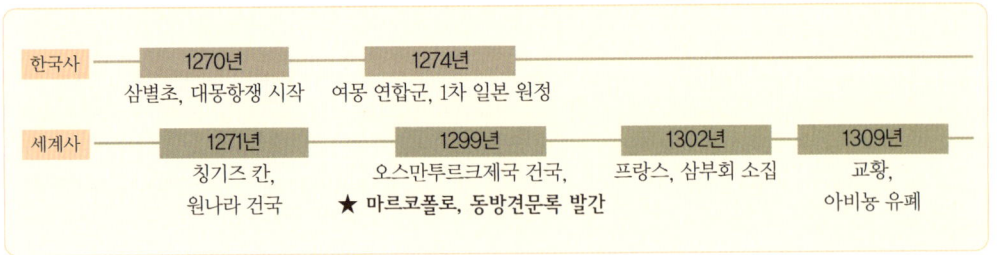

고모도 아버지를 걱정하는 눈치였습니다.

"바다에서 해적을 만나신 건 아닐까요, 태풍은요?"

"걱정마라. 아버지와 삼촌은 경험이 많은 분들이니까."

당시 동방으로 원정을 떠난 상인들 중에는 영영 돌아오지 않는 경우도 있었습니다. 상인들은 아프리카나 아시아의 국가들로 들어가 보석이나 향신료를 가지고 왔습니다. 베네치아는 언제나 지중해를 비롯한 여러 지역에서 온 상인들로 시끌벅적했습니다.

그 시간 아버지 니콜라와 삼촌 마페오는 교황에게 칸의 안부를 전하기 위해 로마로 가는 길이었습니다.

"이런, 교황에게 칸의 소식을 전하지 못하게 됐어."

니콜라와 마페오가 도착하기도 전에 교황이 세상을 떠났던 것입니다.

"어쩔 수 없지. 집으로 돌아가세."

결국 형제는 베네치아로 향했습니다. 베네치아를 떠난 지 16년 만의 귀향이었습니다. 아버지 니콜라는 아내가 세상을 떠났다는 것과 자신의 아들인 마르코가 15살이 되었다는 사실도 모르고 있었습니다.

"네가 정말 내 아들이란 말이냐!"
아버지는 훌쩍 커버린 아들을 보고 감동했습니다.
"네, 아버지. 제가 마르코 폴로예요."
마르코는 의젓하게 대답했습니다.
"사랑하는 내 아들, 엄마 없이 잘 컸구나."
아버지는 마르코를 따뜻하게 안아주었습니다.
아버지의 피를 이어 받은 마르코는 무역 원정을 떠나고 싶었습니다.
"아버지, 제발 저도 데려가 주세요. 아버지가 보는 세상을 저도 보고 싶어요."
"마르코, 너는 아직 어리단다. 위험한 일도 많고……."
아버지는 고개를 저었습니다.
"이제 다시는 아버지와 떨어져 지내고 싶지 않다고요!"
마르코의 의지는 대단했습니다.
할 수 없이 아버지는 아들을 데리고 여행을 떠났습니다.
"동방에는 어떤 나라가 있나요?"
"신비한 나라들이지. 설명할 수 없을 만큼 말이다."
"그곳에는 어떤 물건들이 있나요?"
"매우 귀하고 비싼 물건이란다. 특히 비단은 인기 품목이지."

아버지는 마르코 폴로에게 동방의 이야기를 들려주었습니다. 워낙 큰 무역상을 했던 폴로 형제는 물건을 창고에 쌓아두고 장사를 했습니다. 그들은 가만히 앉아서 무역 일을 하는 것보다 세계 곳곳을 다니는 것을 즐거워했습니다. 아버지를 닮은 마르코 폴로 역시 고향을 떠나 새로운 세계를 경험하는 것을 흥미롭게 생각했습니다.

마르코 폴로

1254~1324
이탈리아 베네치아의 상인, 탐험가

1271년 아버지 니콜라 폴로와 삼촌 마테오와 함께 동방 여행을 시작했습니다. 파미르 고원을 경유해 타림 분지에 이르렀습니다. 바닷길을 이용할 것을 단념하고 육지를 선택한 것입니다. 그리하여 카슈가르, 야르칸드, 호탄, 체르첸 등의 타클라마칸 사막의 남쪽 변두리의 오아시스 여러 도시를 지나 하서 지방에 도달해 간저우에서 1년 간 머물렀습니다. 1274년 쿠빌라이의 여름 궁전이 있는 상도에 도착해 쿠빌라이를 만났습니다.

마르코 폴로

중국에 머물러 원나라에서 우대를 받아 관직에 올랐습니다. 그는 쿠빌라이의 총애를 받아 중국 각지를 여행하며 풍속과 세태를 쿠빌라이에게 자세히 보고 했습니다. 때론 외국의 사신으로 나가기도 했습니다. 마르코는 17년간 원나라에서 머물렀습니다. 그러다보니 고향으로 돌아가고 싶은 생각이 간절해 쿠빌라이에게 청했으나 번번이 거절했습니다.

때마침 이란의 몽골 왕조인 일한국의 아르군 칸의 왕비가 사망했습니다. 그러자 마르코 폴로 일행은 원나라의 공주 코카친의 여행 안내자로 선발되어 겨우 원나라를 떠날 수 있게 되었습니다. 그들은 푸젠성의 취안저우를 출범해 이란의 호르무즈에 도착했습니다. 하지만 아르군 칸도 이미 죽고 없어서 코카친 공주를 그의 아우 가이하투 칸에게 맡겨놓고, 1295년에 베네치아로 돌아왔습니다.

이후 이야기 작가인 루스터켈로에게 동방에서 보고 들은 것을 쓰게 해 마르코 폴로의 여행기 《동방견문록》이 탄생했습니다.

그 시대엔 또 무슨 일이 있었을까?

동방견문록

마르코 폴로가 1271년부터 1295년까지 동방을 여행한 체험담을 루스티첼로가 기록한 여행기입니다. 정식 명칭은 《세계의 기술》로 알려졌습니다. 마르코 폴로는 원나라의 여러 관직을 지내면서 중국 각지를 여행했습니다. 그리고 1295년에 베네치아로 귀국한 후 베네치아와 제노바의 전쟁에 참가했다가 포로가 되었습니다.

그때 제노바 감옥에서 루스티첼로에게 동방의 여행 경험을 구술해 쓴 것이 《동방견문록》입니다. 당시의 서아시아·중앙아시아·중국·남해 등에 관한 기사가 풍부하고 정확해 유럽인들이 믿지 않을 정도였습니다. 그러나 많은 사람들이 아시아 여행을 함으로써 이 책의 기사가 정확함을 알게 되었습니다. 또한 콜럼버스가 아메리카 대륙을 발견하는 계기가 되는 등 지리상의 발견에 큰 역할을 했습니다.

마르코 폴로의 정보를 토대로 만든 지도

소아시아

'아나톨리아'라고도 합니다. 터키어로는 아나돌루라고 하는데 어원은 그리스어 '아나톨레'이며 '태양이 떠오르는 곳' 또는 '동방의 땅'을 의미합니다. 아시아 대륙의 서쪽 끝으로 흑해·마르마라해·에게해·지중해 등에 둘러싸인 반도를 말합니다. 동방과 서방을 연결하는 민족이동의 통로로써 식민활동의 무대였는데 동서양의 온갖 문명이 꽃핀 지역입니다.

베네치아에서 출항하는 마르코 폴로 일행

호르무즈

페르시아 만과 호르무즈 해협의 북부에 있는 이란령 섬입니다. 작은 항구가 있으며 암염과 적철광을 캐냅니다. 8세기에는 아랍의 지배하에 있었습니다. 13세기에는 이탈리아의 여행가 마르코 폴로가 이곳을 들렀습니다. 14세기 이후 호르무즈 섬이 교역의 중심지가 되어 페르시아 만 무역의 요지중요한 역할을 하는 장소로 번영했습니다.

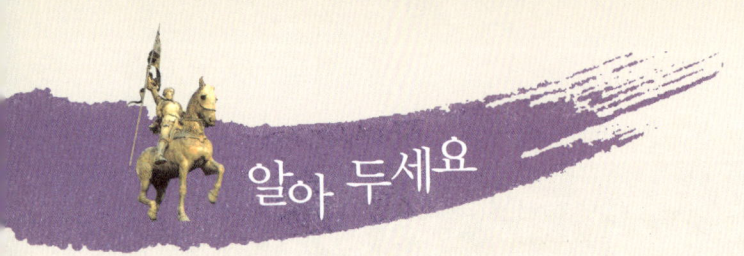

알아 두세요

교황

사도 베드로의 정통성을 잇는 가톨릭교회의 최고 지도자이자 로마의 주교입니다. 《교황청 연감》에 따르면 교황이란 '로마의 주교, 예수 그리스도의 대리자, 사도의 우두머리인 베드로의 후계자, 전 세계 가톨릭교회의 수장, 서유럽의 총대주교, 이탈리아의 수석대주교, 로마 관구대주교이자 수도대주교, 바티칸의 주권자'로 규정되어 있습니다.

쿠빌라이 칸(1215~1294)

쿠빌라이 칸

칭기즈 칸의 막내아들인 툴루이의 둘째 아들입니다. 형 몽케가 제4대 칸의 자리에 있을 때, 대총독이 되어 중국지역을 관할했습니다. 어려서부터 중국의 문화에 관심이 많았던 쿠빌라이는 중국을 관할하면서 중국의 학자와 승려들을 두루 만났습니다. 몽케가 죽은 후 제5대 칸이 되었는데 칸의 자리를 두고 동생 아리크부카와 싸우게 되면서 몽골 제국은 분열하기 시작했습니다. 쿠빌라이는 1271년 국호를 원元이라 하고 황제가 되었으며, 1279년 남송을 멸망시키며 중국 전역을 통치했습니다.

루스티젤로(?~?)

포로가 된 마르코 폴로가 제노바의 감옥에서 만난 작가로 알려져 있습니다. 마르코 폴로는 피사 출신 작가 루스티첼로에게 자신의 여행 이야기를 들려주었고, 그가 그것을 받아 적었다고 합니다. 그러나 사실인지는 알 수 없습니다.

그레고리우스 10세(1271~1276)

이름은 테오발도 비스콘티이며 피아첸차에서 태어났습니다. 그는 교황을 선출하는 추기경회의 제도를 제정했으며 동방 정교회와의 합동과 새로운 십자군 파견을 제창했습니다. 황제 루돌프 1세의 선출을 도와 대공위시대大空位時代의 막을 내리게 했습니다. 3년 동안 사제에도 오르지 못하다가 교황에 선출되면서 급히 사제가 되고 주교에 임명되었습니다. 1274년 리옹 공의회公議會에서 공위를 방지할 목적으로 교황 선출을 위한 추기경회의 제도를 제정했습니다.

네스토리우스교

아시아 전역에 퍼져 있던 기독교의 한 분파였습니다. 기원은 5세기 콘스탄티노블의 주교였던 네스토리우스에 의해서 시작되었습니다. 이들의 교회는 예루살렘에서 칸발리크까지 널리 퍼져 있었습니다.

마르코 폴로가 태어난 베네치아 풍경

중등 사회

조국을 구한 여장부
잔 다르크

　잔 다르크의 부모님은 농부였습니다. 부자는 아니었지만 마을 사람들에게 존경받는 분이었습니다. 마을에 어려운 일이 생기면 잔 다르크의 아버지를 찾아왔고 어머니는 성지 순례를 다녀왔을 만큼 신앙심이 깊었습니다.

　어린 시절 잔은 음식 만드는 법, 빨래하는 법, 청소하는 법, 실을 짜는 법, 옷 만드는 법을 배웠습니다. 텃밭에 채소 기르는 법도 배웠습니다. 중세시대에는 여자 아이들은 해야 할 일이 많았습니다.

　"우린 하는 일이 너무 많아!"

　"맞아. 집안일도 해야 하고, 가축도 키워야 하고, 우리도 치워야 하고……."

　여자 아이들은 일을 하면서도 투덜거리곤 했습니다. 하지만 여자 아이들이 할 수 있는 다른 일은 거의 없었습니다. 다행히 잔은 오빠가 둘이 있었기 때문에 힘든 일을 하지는 않았습니다.

　"잔, 오빠를 도와서 가축 돌보는 일을 해야 한다."

　"네. 우리 안을 치우고 조금 놀아도 되지요?"

　"그래, 그렇게 하렴."

　잔은 구슬치기를 하거나 작은 돌멩이를 가지고 놀았습니다. 친구들과 공놀이

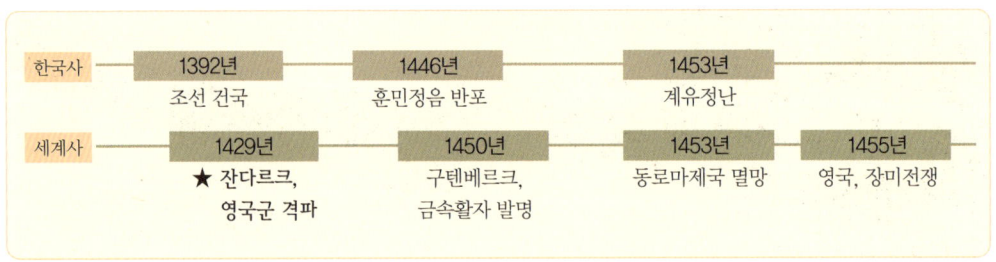

를 하거나 남자 아이들과 전쟁놀이를 하기도 했습니다.

"잔, 이거 받아."

오빠가 나무를 깎은 인형을 만들어주었습니다.

"오빠, 정말 멋진데!"

"맘에 드니? 지난번 것보다 예쁘지?"

잔은 오빠가 만들어 준 인형들을 모았습니다.

잔은 어린 시절 자네트라고 불렸습니다. 시골소녀 잔은 오빠가 만들어준 인형들을 무척 좋아했습니다. 그리고 잔은 깊은 신앙심을 가지고 있었습니다. 늘 기도했고 일요일이면 가족들과 함께 교회에 가서 예배를 드렸습니다. 특별한 날이 아니더라도 잔은 교회에 가서 기도하는 것을 좋아했습니다.

"마리아님, 저희 가족이 건강하고 행복하게 해주세요."

잔은 성모 마리아상 앞에 무릎 꿇고 기도했습니다.

"잔, 지금 뭐하고 있는 거니? 가축들을 그냥 두고 온 거니?"

"지금 가요. 가축들은 걱정 마세요. 하나님이 지켜주실 거니까요!"

잔은 일을 하다가도 기도하고 싶은 게 생기면 교회로 달려갔습니다. 잔은 기도 할 때마다 가슴이 따듯해지는 걸 느꼈습니다.

"잔, 또 교회에 간 거니? 나 같으면 그 시간에 집에서 부족한 잠을 자겠다."
아이들은 잔을 놀리곤 했습니다.
"너희가 하나님을 만나지 못해서 그래."
그때쯤 잔은 머릿속이 복잡했습니다.
"엄마, 저는 평범한 다른 여자들처럼 얼굴도 모르는 남자와 결혼하고 집안일을 하고……. 평생 그렇게 살고 싶지는 않아요."
어머니는 말없이 잔의 머리를 쓰다듬어 주었습니다.
"여자들은 하는 일에 비해 존중받지 못해요."
잔은 시무룩한 표정을 지었습니다.

시골 농부들의 삶은 힘들고 어려웠습니다. 무엇보다 백년전쟁 중에는 마을에서 전투가 일어나거나 군사들이 물건을 훔치러 왔기 때문에 늘 위험했습니다. 잔이 살고 있는 지역은 잉글랜드의 지배를 받고 있어서 더욱 위험했습니다.

잔이 열세 살이었을 때 잔이 살던 동레미 마을도 잉글랜드 군대의 공격을 받았습니다. 가축을 훔쳐가고 교회에서 귀중품을 가져갔습니다. 마을을 불태우기도 했습니다. 다행히 잔과 가족들은 무사했습니다.

"하나님, 감사합니다."
잔은 기도했습니다.
"잔, 프랑스 군대를 이끌고 나가서 잉글랜드 군과 부르고뉴 군을 물리치고 오너라!"
잔은 어디선가 들려오는 신비스런 목소리를 들었습니다.
"하나님의 뜻대로 하겠습니다. 꼭 우리나라를 지키겠습니다."
잔은 그 목소리가 하나님의 목소리란 걸 깨달았습니다. 잔은 용감했고 하나님의 뜻대로 하기로 결심했습니다. 잔은 자신이 들은 천사의 목소리를 마음 속 깊이 간직하고 믿었습니다. 이 목소리는 잔 다르크가 전쟁터에 나가 승리할 수 있는 원동력이 되었습니다.

잔 다르크

◇ 1412~1431
◇ 프랑스의 위인, 성녀, 백년전쟁의 영웅

잔 다르크는 독실한 그리스도교 가정에서 태어났습니다. 그녀는 1429년 어느 날, '프랑스를 구하라'는 신의 음성을 듣게 됩니다. 잔 다르크는 그 음성을 신이 내린 명령으로 여기고 고향을 떠나 샤를 황태자를 찾아갔습니다.

당시 프랑스 북부는 영국군과 영국에 협력하는 부르고뉴파 군대가 점령하고 있었습니다. 프랑스의 왕위도

잔 다르크

샤를 6세 사후에는 영국 왕 헨리 5세가, 그후에는 그의 아들 헨리 6세가 계승하도록 되어 있었습니다. 황태자 샤를은 왕위 계승에서 제외되어 있었습니다.

잔 다르크는 샤를 황태자의 군사를 이끌고 전쟁터로 나가 각지에서 영국군을 무찔렀습니다. 흰 갑주에 흰 옷을 입고 선두에 서서 지휘하는 잔 다르크의 모습만 보고도 영국군은 도망쳤습니다. 랭스까지 진격한 잔 다르크는 이곳 성당에서 샤를 7세의 대관식을 거행했습니다.

그리하여 샤를 7세는 영국의 헨리 6세에 앞서 왕위를 계승했습니다. 왕의 측근들은 잔 다르크를 질투하고 시기했으나 잔 다르크는 이에 아랑곳하지 않고 더욱 충성을 했습니다. 그러나 1430년 콩피에뉴 전투에서 부르고뉴파 군사에게 사로잡혀 영국군에게 넘겨지고, 1431년 재판에서 마녀로 낙인찍혀 루앙에서 화형을 당했습니다.

이후 샤를 7세는 1456년 잔 다르크의 유죄 판결을 파기하고 명예를 회복시켜 주었으며 가톨릭교회에서는 1920년부터 그녀를 성녀로 부르기 시작했습니다.

그 시대엔 또 무슨 일이 있었을까?

중세시대의 권력

500년부터 1500년까지의 대부분의 평민들은 시골에서 농사를 짓거나 장사를 했습니다. 왕은 나라의 모든 땅을 소유하고 있었고 나라에 충성하는 영주들에게만 땅을 나누어주었습니다. 영주들은 직접 농사를 짓는 게 아니라 소작인들에게 땅을 나누어주고 농사를 짓게 했습니다. 농사를 지은 소작인들은 수확한 곡식의 일부를 영주에게 바쳤습니다. 그래서 영주에게 미움을 사는 소작인들은 농사를 지을 수 없었습니다.

백년전쟁이 일어나다

1337년부터 1453년까지 116년 동안 계속된 전쟁입니다. 영국과 프랑스가 벌인 전쟁으로 프랑스 지역에서 여러 차례에 걸쳐 휴전과 전쟁을 되풀이했습니다. 영국은 1066년 노르만 왕조의 성립 이후 프랑스 내부에 영토를 소유했기 때문에 양국 사이에는 오랫동안 분쟁이 계속되었습니다. 그러나 1328년 프랑스 샤를 4세가 남자 후계자가 없이 사망하자, 그의 사촌 형제인 발루아 집안의 필리프 6세가 왕위에 올랐습니다. 이에 대해 영국 왕 에드워드 3세는 그의 모친이 카페 왕가 출신(샤를 4세의 누이)이라는 이유로 프랑스 왕위를 계승해야 한다고

중세의 농노들

주장했습니다. 이로 인해 양국 간에 심각한 대립을 빚게 되었습니다. 영국의 에드워드 3세는 프랑스 경제를 혼란에 빠뜨리기 위해 플랑드르에 수출해 오던 양모 공급을 중단했고, 프랑스의 필리프 6세는 프랑스 내의 영국 영토인 기옌(지금의 가스코뉴 지방)을 몰수하면서 전쟁이 시작되었습니다.

백년전쟁에서 벌어진 공성전의 모습

트루아 조약

1420년 백년전쟁 중에 영국 왕 헨리 5세와 프랑스 왕 샤를 6세가 체결한 조약입니다. 트루아는 프랑스 북동부 샹파뉴주의 소도시였습니다. 조약의 내용은 첫째 영국 왕 헨리 5세는 프랑스 왕녀 카트린과 결혼하고, 둘째 지참금으로서 영국 왕에게 '백합꽃의 왕국'을 증여하며, 셋째 영국 왕은 현 샤를 6세의 섭정권을 인정받고 왕이 죽으면 계승권을 가진다는 것이었습니다. 그러나 1429년 잔 다르크의 등장으로 프랑스가 우위를 회복하면서 조약은 사실상 무효가 되었습니다.

오를레앙

프랑스 중부 루아르 강의 오른쪽 기슭에 있는 도시입니다. 교통의 요충지로 상업이 발달했으며 1429년에 잔 다르크가 영국군을 이긴 곳으로 유명합니다. 구시가는 성벽 터의 큰 길과 강으로 경계를 이루고 있습니다. 제2차 세계대전 중 폭격으로 큰 피해를 입었으나 다시 재건되어 생트 크루아 대성당, 생테냥 성당, 시청사 등의 옛 건물과 조화를 이루고 있습니다.

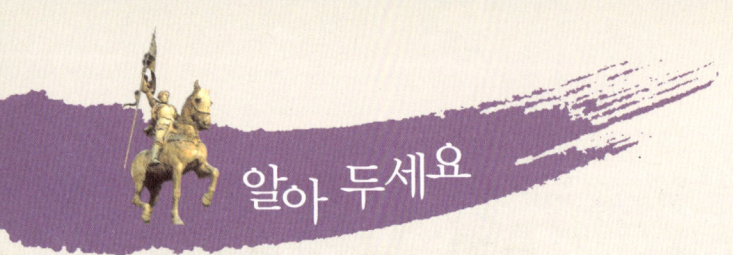
알아 두세요

샤를 7세(1403~1461)

샤를 6세의 아들이지만 출생이 의심스럽다 해 영국의 왕 헨리 5세에게 왕위계승권을 양도 당했습니다. 그러자 그는 자신감을 잃고 루아르 강변의 시농성에 피해 있었습니다. 그때 잔 다르크가 그에게 용기를 북돋워주고 영국군을 물리쳐 랭스 대성당에서 대관식을 올릴 수 있게 해주었습니다.

샤를 7세

헨리 5세(1387~1422)

랭커스터 왕가 출신으로 헨리 4세의 맏아들입니다. 웨일스의 반란을 토벌하고 부왕의 말년에는 그를 대신해 일을 보았습니다. 선왕시대 정치의 혼란을 피하고 민심을 되돌리기 위해 휴전 중인 백년전쟁을 다시 시작했습니다. 1415년 직접 군사를 거느리고 프랑스에 상륙해 아쟁쿠르 전투에서 크게 승리했습니다. 1420년에는 트루아 조약으로 프랑스 왕 샤를 6세의 딸 카트린을 왕비로 맞아들이며 프랑스 왕위 계승권을 인정했습니다.

파리를 공격하는 잔 다르크

그러나 프랑스의 다수 귀족들이 이 조약을 인정하지 않아 전쟁은 계속되었습니다.

헨리 6세(1421~1471)

영국의 왕으로 프랑스와의 백년전쟁 중 즉위해 샤를 6세 죽음 후 트루아조약에 따라 프랑스 왕을 겸했습니다. 그러나 칼레 이외의 영토를

잔 다르크가 화형에 처해졌던 루앙의 광장

모두 잃고 대륙에서 추방되어 백년전쟁은 종결되었습니다. 프랑스 평화정책에 불만을 품은 귀족들의 반란으로 장미전쟁1455년부터 1485년까지 영국 내에서 있었던 왕권을 둘러싸고 벌어진 전쟁에서 살해되었습니다.

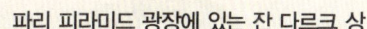

파리 피라미드 광장에 있는 잔 다르크 상

크리스틴 드피장(1364?~1430?)

아버지는 베네치아의 유명한 점성학자이자 의사였으며 프랑스 국왕 샤를 5세를 섬겼습니다. 스물다섯 살 때 남편이 죽고 작품 활동으로 이름을 높였습니다. 《발라드》를 비롯해 서간시·역사서·교육론 등 다양한 작품이 있습니다. 역사서에는 《잔 다르크 찬가》와 같은 것도 있습니다. 보카치오의 영향을 받은 여성교육론에서는 당시의 여성을 업신여기는 풍조에 대한 항의가 보이기도 했습니다.

97

 중등 사회

인쇄술로 세상을 바꾼
구텐베르크

"그렇게 걱정되시면 직접 가 보시지 그러세요. 앉지도 않고 계속 창가에 서성거리고 계시잖아요."

"소화가 안 돼서 그래."

"그러니까요. 소송 결과 때문에 그런 거잖아요."

젊은 직원의 말에 구텐베르크는 헛기침을 하며 사무실을 나가버렸습니다. 구텐베르크는 동업자였던 푸스트한테 소송을 당해 결과를 기다리고 있었습니다.

구텐베르크는 푸스트에게서 돈을 빌릴 때를 떠올렸습니다.

"돈만 빌려주면. 자네가 원하는 것은 뭐든지 다 들어주겠네."

인쇄에 필요한 기계와 물품이 절실하게 필요했던 구텐베르크는 간절히 돈을 빌려 달라고 했습니다.

"좋아. 대신 조건이 있네. 자네가 돈을 못 갚을 경우 모든 인쇄 설비를 내가 가져가겠네."

"그건 너무 하지 않는가!"

"대신, 이번에는 내가 동업자로서 투자를 하는 거네. 나는 분명히 자네가 새로운 인쇄술을 만들 수 있다고 믿네. 나는 자네를 믿고 투자를 하겠네."

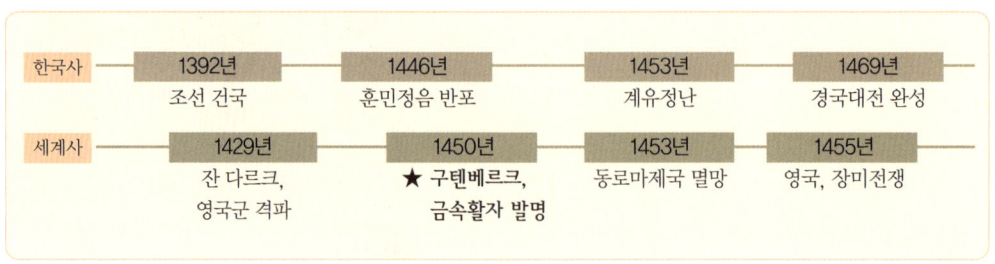

"좋아. 자네가 나를 믿어준다면 그 조건을 받아들이겠네."

구텐베르크는 푸스트에게 돈을 갚지 못할 경우 모든 인쇄 설비를 넘기겠다고 약속했습니다. 그만큼 구텐베르크는 새로운 인쇄술을 만들 수 있다는 자신감이 있었습니다.

"구텐베르크, 일은 잘 되어가고 있는가?"

푸스트가 작업실을 찾아와 물었습니다.

"며칠 안으로 내가 놀라운 것을 보여주겠네."

구텐베르크는 큰 소리쳤습니다.

며칠 뒤 구텐베르크는 푸스트에게 성서 한 면을 인쇄해 보였습니다.

"어떤가?"

"와, 정말 대단하군. 이제 우리는 대단한 부자가 될 거야."

푸스트는 큰돈을 벌 거라며 좋아했습니다.

"아직 멀었어. 이제 시작인걸."

구텐베르크는 지금부터 시작이라며 앞으로 더 좋은 기술을 만들어낼 것을 다짐했습니다.

"구텐베르크, 도대체 왜 회수가 안 되는 건가?"
"무슨 소리야?"
"돈이 왜 안 들어 오냐고?"
"기다리게. 641장의 성서를 모두 인쇄하는 것이 그렇게 쉬운 일인지 아나?"
"빨리 하게."

인쇄 기술자가 아닌 푸스트는 구텐베르크가 인쇄 기술에만 매달리고 사업을 제대로 하지 못하는 것 같아 화가 났습니다. 구텐베르크 또한 인쇄 기술은 생각 않고 사업 애기만 하는 푸스트가 못마땅했습니다. 결국 둘 사이는 벌어졌습니다. 푸스트는 몇 년 동안 구텐베르크에게 원금은커녕 이자도 받지 못했습니다. 푸스트는 마인츠 법정에 구텐베르크를 고소했습니다.

"사장님, 구텐베르크 사장님!"

젊은 직원이 옥상에 앉아 있는 구텐베르크에게 달려왔습니다.

"결과가 나왔습니다."
"어찌 됐나?"

구텐베르크는 마음이 불안했습니다.

"사장님께서 지셨습니다."
"……."

구텐베르크는 주저앉았습니다. 며칠 후 푸스트는 구텐베르크의 인쇄기는 물론, 구텐베르크 밑에서 기술을 익힌 인쇄 기술자들까지 모두 데리고 가버렸습니다. 구텐베르크는 젊은 시절부터 평생을 바쳐 이룩한 모든 것을 한 순간에 잃고 말았습니다.

구텐베르크

- 1397~1468
- 요하네스 구텐베르크
- 독일 인쇄술의 창시자, 근대 활판인쇄술의 발명자

구텐베르크는 독일 마인츠에서 태어났습니다. 마인츠의 대주교는 나라의 화폐를 만드는 권한을 갖고 있었는데, 구텐베르크의 아버지와 숙부는 대주교의 조폐국에서 관리로 일했습니다. 구텐베르크의 일생에 대해서는 자세하게 알려진 것이 없지만 재판 기록은 많이 남아 있습니다. 구텐베르크가 많은 사람들에게 돈을 빌렸으며, 그로 인해 여러 번 소송을 당한 것입니다.

구텐베르크

구텐베르크는 인쇄술을 개발하기 위해 많은 사람들에게 돈을 빌렸으며, 비밀리에 동업을 하기도 했습니다. 수없는 실패의 과정을 거쳐 구텐베르크는 금속활자를 만들어 인쇄술을 발전시켰습니다. 정확한 연도는 알 수 없으나 1440년대 초 교회에서 발행되는 면죄부 같은 것을 인쇄했습니다. 1450년에는 금 세공업자로 알려진 푸스트를 만나 많은 돈을 빌려 인쇄술 개발에 더욱 힘을 쏟았습니다. 활자를 주조(금속을 녹여 모양을 만듦)하고, 주조한 활자를 조판(원고대로 주조한 활자를 맞춤)하는 일 등 구텐베르크의 노력은 시간이 갈수록 빛을 발했습니다. 정확한 기록은 남아 있지 않지만 1452년경 구텐베르크는 성서를 인쇄할 수 있었습니다.

하지만 1455년 구텐베르크는 푸스트에게 빌린 돈을 갚지 못해 자신의 기술과 모든 재산을 빼앗기고 말았습니다. 다행히 친구 후메리가 도와주어 인쇄공장을 재건했습니다. 구텐베르크가 평생의 노력을 바쳐 이룩한 인쇄술은 종교개혁과 과학혁명을 일으키는 발판이 되었습니다.

그 시대엔 또 무슨 일이 있었을까?

필경의 시대

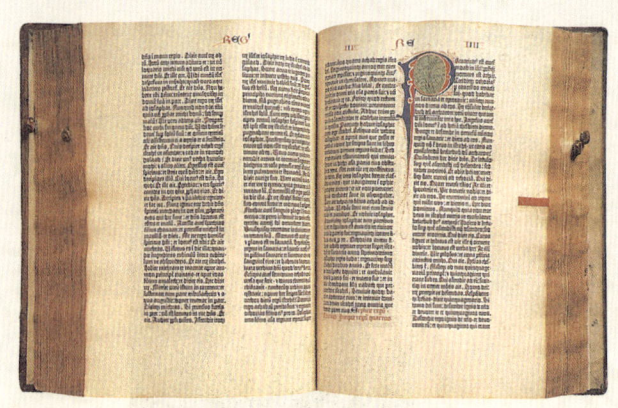

구텐베르크가 인쇄한 42행 성서

유럽의 인쇄술은 동양보다 몇 백 년 늦게 시작되었습니다. 인쇄의 기본이 되는 종이도 105년 중국 후한(後漢) 때 채륜(蔡倫)이 발명했습니다. 유럽에 종이가 전해진 것은 8세기 중엽입니다. 당나라 때 종이는 비싼 값에 서방으로 수출되었습니다. 당나라 현종이 이슬람 왕조와 벌인 탈라스 전투에서 패하면서 제지술이 서방으로 전해졌습니다. 제지기술을 가지고 있던 당나라의 포로들이 아라비아인들에게 제지술을 전파해 점차 유럽으로 제지술이 퍼져간 것입니다.

현존하는 세계 최초의 목판 인쇄물은 한국의 〈무구정광대다라니경〉이며, 고려시대인 1234년에 동활자를 만들어 〈상정고금예문〉을 인쇄했다는 기록이 있지만 전해지지 않아 1377년 만들어진 〈불조직지심체요절〉이 세계 최초의 금속활자본으로 인정받고 있습니다.

인쇄술이 발달하기 전까지는 사람이 직접 쓰는 필경의 시대를 살았습니다. 필경은 작업 시간이 오래 걸려 책을 주문해도 몇 달 혹은 몇 년을 기다려야 했으며, 오류를 범하는 일도 많았습니다.

인쇄술의 혁신

구텐베르크는 활자를 어떤 재료로 만들 것인가를 두고 많은 연구를 했습니다. 값이 싸면서 쉽게 녹을 수 있는 재료를 찾아 수없이 연구해 납활자를 만들었습니다.

구텐베르크가 만든 인쇄기　　　　　　　　구텐베르크 동상

글자도 낱자로 만들었습니다. 목판 인쇄는 글자 하나만 틀려도 목판 전체의 글자를 다시 새겨야 했지만, 낱자로 주조한 금속활자는 틀에 한 자씩 끼워 넣는 방식이었습니다. 그래서 자유롭게 글자 배치가 가능하고, 틀리면 쉽게 고칠 수 있어서 기존의 인쇄술을 뛰어넘는 획기적이고 경제적인 방법이었습니다.

인쇄업이 시대를 변화시키다

인쇄업은 굉장히 빠른 속도로 전 유럽으로 번졌습니다. 종교와 정치 활동에 배제되어 있던 귀족 여성들은 책을 통해 교양을 쌓고, 오직 라틴어로만 되어 있던 성서도 유럽 전역으로 퍼진 인쇄업의 발달과 함께 다양한 언어로 번역되어 출간되었습니다. 성서를 직접 읽을 수 있는 시대가 되자 기존의 로마 가톨릭 교회는 비판의 대상이 되었습니다. 크리스트교가 교황이나 대주교, 웅장하고 사치스러운 교회 없이도 예배를 볼 수 있다는 것을 알게 되었습니다. 그리고 성서 어디에도 면죄부를 사서 용서를 받는다는 내용이 없음을 알게 됐습니다.

더불어 종교개혁과 학문과 예술의 발전을 꽃피운 르네상스 시대를 이끌었습니다.

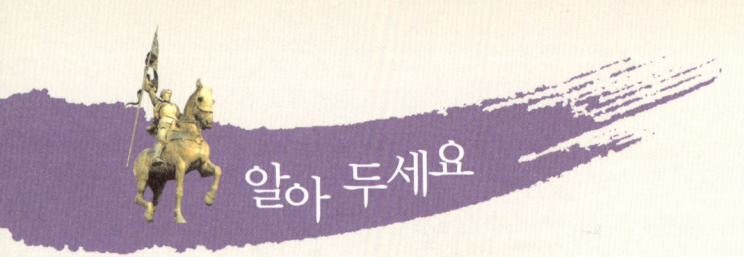

알아 두세요

금서를 지정하다

　인쇄된 성서를 직접 읽은 사람들이 로마 가톨릭 교회의 잘못된 점을 알게 되면서 교회를 비판하고 나서자, 1546년부터 그들은 교회의 허가 없이 성서를 비롯한 종교 서적을 출판하는 것을 금지시키기 시작했습니다. 조금이라도 새로운 종교 사상을 드러내거나 교회에 반감을 사게 하는 책들을 모두 금서로 지정해 출판할 수 없게 했던 것입니다.

채륜(?~121?)

　채륜은 중국 후한 중기의 환관으로 '채후지蔡候紙'라는 종이를 만들었습니다. 종이가 만들어지기 전 중국은 비단이나 대쪽, 얇은 나무쪽 등에 글을 썼습니다. 궁중의 집기를 제조

채륜 기념 우표

제지법 기념 우표

하고 관리하던 일을 맡고 있던 채륜은 전한 시대의 기술을 발전시켜 나무껍질과 베옷 등을 분쇄하고 혼합해 종이를 만들어냈습니다.

쾨니히(1774~1833)

　독일의 인쇄기술자로 원통식 윤전인쇄기를 개발하고, 압통 인쇄기와 고속 윤전기 등을 제작했습니다. 1812년 영국의 〈타임스〉지의 편집장이자 발행인이 존 월터 2세를 만나 1814년 11월 29일 〈타임스〉 신문을 압통 인쇄기로 처음 인쇄했습니다.

압통 인쇄기는 회전하는 압통으로 활자판을 인쇄하는 방식으로 1시간에 1100매나 찍어낼 수 있었습니다. 그것은 당시로서 엄청난 일이었으며, 구텐베르크 이후 정체 되어 있던 인쇄기술을 끌어올리는 일이었습니다.

존 월터 2세(1776~1847)

〈타임스〉의 편집장 및 발행인으로, 아버지인 존 월터는 1785년 1월 1일 〈데일리 유니버설 레지스터〉를 창간했으며, 1788년 1월 1일 〈타임스〉로 이름을 바꾸

15세기 이탈리아 인쇄소

었습니다. 존 월터 2세는 1803년부터 〈타임스〉를 운영하기 시작했으며, 그동안 4면이었던 지면을 12면으로 늘리면서 영국의 권위 있는 신문으로 성장했습니다. 쾨니히가 압통 인쇄기를 팔지 못하고 떠돌아다닐 때, 그것의 우수성을 알고 사들였습니다.

오트마르 머건탈러(1854~1899)

미국의 인쇄기술자로 자동 식자기인 라이노타이프를 발명했습니다. 그동안 평판 인쇄기에서 두루마리 인쇄기까지 발전했지만 글자를 식자(활판 인쇄에 필요한 활자를 원고대로 맞추어 판을 짜는 일)하는 것은 여전히 사람들이 했습니다. 인쇄기가 돌기 전 활자판을 짜야 하는 식자공들은 한 시간 동안 1000자 정도를 식자할 수 있었습니다. 머건탈러가 발명한 자동 식자기 라이노타이프는 키보드를 누르면 기계 속에 있는 활자의 주형이 나와 그것을 용해된 금속에 넣으면 활자가 주조되어 전보다 훨씬 빨리 인쇄를 할 수 있었습니다.

중등 사회

서인도를 발견한 탐험가
콜럼버스

스페인의 항구 파로스는 이른 아침부터 시끌벅적했습니다. 콜럼버스가 이끄는 탐험대가 출항 준비를 끝냈기 때문입니다.

"출발이다, 닻을 올려라!"

크리스토퍼 콜럼버스는 대서양을 건너는 항해를 시작했습니다.

"긴 항해가 되겠군. 이렇게 가다가 지구 밖으로 떨어지는 건 아닐까?"

선원들이 끝없이 펼쳐진 바다를 바라보며 수군거렸습니다.

"이곳에서 서쪽으로 계속 가다보면 틀림없이 인도가 나올 거다."

콜럼버스는 지구가 둥글다는 것을 확신했습니다.

"콜럼버스의 말이 맞을까. 지구가 둥글다는 것 말이야."

시간이 흐를수록 선원들의 두려움은 커졌습니다. 하지만 콜럼버스는 포기하지 않고 항해를 계속했습니다.

그러던 어느 날, 콜럼버스는 드디어 새로운 대륙을 발견했습니다. 선원들은 서로 얼싸안으며 좋아했습니다. 콜럼버스는 스페인 국기를 가지고 섬에 내렸습니다. 내리자마자 바닥에 무릎을 꿇고는 땅에 입을 맞추었습니다. 콜럼버스는 이곳에 산살바도르라는 이름을 붙였습니다.

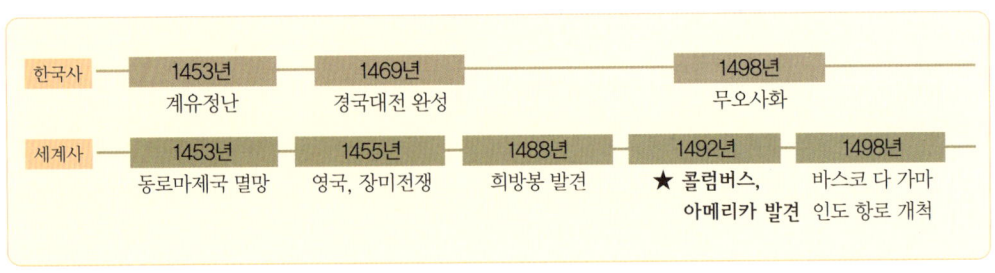

'이곳은 인도의 일부가 틀림없어.'

콜럼버스는 섬에서 만난 원주민들을 인디언이라 불렀습니다. 콜럼버스가 생각한 이곳은 아메리카 대륙이었습니다.

콜럼버스가 스페인으로 돌아왔을 때 사람들은 환영하며 그를 맞이했습니다. 여왕은 콜럼버스를 위해 큰 환영회를 열어주었습니다. 환영회를 하는 날이었습니다. 나라 안의 귀족들이 모두 모였습니다.

"콜럼버스는 정말 대단한 사람이오."

사람들은 최초로 아메리카를 발견한 콜럼버스에게 축하의 인사말을 전했습니다.

"쳇, 그깟 신대륙 발견이 뭐 그리 대단하다고 저 난리야."

"그러게 말이야."

어떤 사람들은 그를 시기하며 트집을 잡기도 했습니다. 한 귀족이 콜럼버스 앞에 나서서 말했습니다.

"콜럼버스, 사실 신대륙 발견은 아무나 할 수 있는 일 아니오? 배를 타고 서쪽으로 계속 가다보면 누구라도 섬을 발견할 수 있지 않겠소."

순간 콜럼버스는 무척 화가 났습니다. 그러나 꾹 참았습니다.

"물론 그렇지요. 하지만 당신의 말은 틀린 데가 좀 있소."

"내 말이 틀렸다고요?"

콜럼버스는 삶은 달걀 한 개를 집어들었습니다.

"당신 말이 맞는다면 이것쯤은 할 수 있겠군요. 이 달걀을 재주껏 세워 보시오."

"말도 안 되는 소리하지 마시오. 어떻게 달걀을 세울 수 있단 말이오."

귀족은 버럭 고함을 질렀습니다.

"누가 이 달걀을 세워 보겠소?"

콜럼버스는 사람들을 향해 소리쳤습니다. 콜럼버스의 말에 사람들은 두리번거리며 웅성거리기 시작했습니다. 사람들은 하나둘 나서며 달걀을 세워 보겠다고 했습니다. 그러나 아무도 달걀을 세우지 못했습니다.

"이거 좀처럼 쉽지가 않군 그래."

"맞아요. 금방 세울 것도 같은데 말이오."

사람들은 고개를 갸우뚱거리며 포기했습니다.

"잘 보시오. 난 할 수 있소."

콜럼버스는 달걀 끝을 탁자 위에 톡톡 두들겨 깼습니다. 그리고는 달걀을 탁자 위에 보란 듯이 세웠습니다.

"으하하하, 그렇게 깨서 세운다면 나도 할 수 있소."

귀족은 어이없다는듯이 웃었습니다.

"물론 당신도 할 수 있는 일이지요. 하지만 당신은 달걀을 깨서 세운다는 생각을 아예 하지 못했소. 내가 아메리카라는 신대륙을 발견한 것도 바로 이런 것이오."

콜럼버스의 말에 귀족은 얼굴을 붉히며 슬그머니 자리를 피했습니다.

콜럼버스

- 1451~1506
- 크리스토퍼 콜롬버스
- 이탈리아의 탐험가, 모험가, 아메리카 대륙 발견

콜럼버스는 이탈리아 제노바에서 태어났는데 1477년에 리스본에 나타날 때까지의 행적은 명백하지 않습니다. 1479년 결혼했으며 그의 장인이 선장이었기 때문에 해도 제작에 종사하면서, 서쪽으로 항해하면 인도에 도달할 수 있다는 확신을 가지게 되었습니다.

1484년 포르투갈 왕 주앙 2세에게 대서양 항해 탐험을 제안했으나 희망봉 루트를 준비 중이던 왕은 그의 제안을 거절했습니다.

콜럼버스

그래서 1486년 콜럼버스는 에스파냐로 건너가 이사벨 여왕을 만나 항해 계획을 설명하고 지원을 요청했습니다. 하지만 왕실에서 반대하는 바람에 항해 계획은 또 실패했습니다. 당시 에스파냐는 카스티야 여왕 이사벨 1세와 아라곤 왕 페르난도 2세가 카스티야를 공동으로 다스리고 페르난도가 아라곤을 단독으로 다스리는 상태였습니다. 해외진출에 관심을 갖고 있던 이사벨 여왕이 마침내 콜럼버스의 계획을 허락했습니다. 이사벨 1세로부터 임무를 받은 콜럼버스는 산타마리아호, 핀타호, 니냐호로 이루어진 세 척의 선단을 이끌고 서쪽으로 항해를 시작했습니다. 이후 콜럼버스는 쿠바와 히스파니올라까지 항해했다가 다음해 3월 팔로스 항으로 돌아왔습니다. 당시의 유럽의 모든 사람들은 콜럼버스와 마찬가지로 그가 발견한 땅을 아시아라고 믿었습니다.

1502년 마지막 항해에서 콜럼버스는 멕시코 만에 도착했으나 중국으로 가는 항로를 찾지 못했습니다. 그리고 1506년 죽을 때까지 스페인 외진 곳에 은거해 말년을 보냈습니다.

그 시대엔 또 무슨 일이 있었을까?

아메리카 대륙의 발견

콜럼버스의 항해는 총 4회에 걸쳐 행해졌습니다. 1492년 콜럼버스는 바하마 제도의 한 섬에 상륙해, 이곳을 서인도의 일부라 생각하고 '산 살바도(성스러운 구원자)'라 이름지었습니다. 이어 쿠바 · 히스파니올라 · 베네수엘라 · 중앙 아메리카 해안 등의 존재를 확인했습니다.

콜럼버스는 이들 지역이 독립된 대륙으로 그에 부속된 섬들이란 것을 알지 못하고 서인도로 확신했습니다. 이러한 콜럼버스의 생각을 수정해 아메리카가 신대륙이라는 것을 주장한 사람은 아메리고 베스푸치입니다.

콜럼버스의 서인도 제도 상륙

서인도 제도

중앙아메리카 동쪽 지역의 크고 작은 섬들로 이루어진 곳입니다. 바다에 활 모양으로 흩어져 있는 섬의 무리입니다. 앤틸리스 제도와 바하마 제도로 이루어져 있습니다. 감자·커피·담배·열대 과일 등이 많이 납니다. 콜럼버스가 인도의 서부로 착각한 데서 유래한 이름입니다.

복원된 산타마리아호

산타페 협약

이사벨 여왕은 콜럼버스가 제시한 계약 조건을 승인했습니다. 그 계약 내용은 '콜럼버스는 발견한 토지의 부왕으로 임명될 것이며, 이 직책과 특권은 자손에게 전승한다' 는 것이었습니다. 이 계약을 산타페 협약이라고 부릅니다.

산타마리아호

1492년 콜럼버스가 제1차 항해 때 탔던 배입니다. 콜럼버스는 산타마리아 호, 핀타 호, 니냐 호 세 척을 거느리고 1492년 8월 3일 에스파냐 팔로스 항을 출발했습니다. 산타마리아 호는 보통 규모였으나 흘수배가 떠 있을 때 수면에서 물에 잠긴 배의 가장 밑부분의 수직거리가 매우 깊었습니다. 그 때문에 서인도의 히스파니올라 근해에서 좌초해 배를 포기해야만 했습니다. 콜럼버스는 선원의 절반을 섬에 남기고 니냐 호로 귀국했습니다.

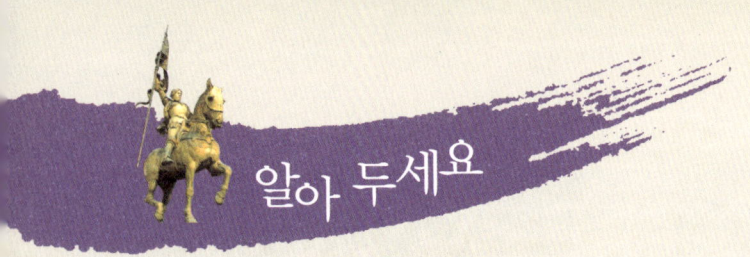

알아 두세요

히스파니올라 섬
　서인도 제도 중부 대앤틸리스 제도에 있는 섬입니다. 아이티와 도미니카 두 나라로 이루어져 있습니다. 쿠바의 동쪽과 푸에르토리코의 서쪽에 위치하며, 서인도 제도에서 쿠바 다음으로 큰 섬입니다. 히스파니올라 섬의 서쪽 1/3은 아이티 공화국이고 동쪽의 2/3가 도미니카 공화국입니다.

아메리고 베스푸치(1454~1512)
　신대륙 초기 탐험자이며 그의 이름 '아메리고' 에서 '아메리카' 라는 지명이 유래되었다는 설이 있습니다. 그는 콜롬버스의 2, 3차 항해에 쓰일 배의 건조일을 도왔고, 1497년 부터 1503년에 걸쳐 신대륙에 여러 번 항해했습니다. 이후 신대륙 무역을 관장하는 통상원의 일에 종사하고 1508년 수석 항해사가 되었습니다.

페르난도 2세(1452~1516)
　카스티야 왕입니다. 카스티야의 왕녀 이사벨과 결혼해 공동통치자가 되었고 아라곤 왕위 계승 후 두 나라의 군대를 병합해 그라나다를 공략했습니다. 교황으로부터 '가톨릭 부부왕' 의 칭호를 받았습니다. 그의 죽음과 함께 카스티야·아라곤 쌍방의 왕위가 카를로스 1세에게 넘어갔습니다. 이로써 진정한 에스파냐 통일이 실현되었습니다.

이사벨 1세(1451~1504)
　카스티야 왕 후안 2세의 두 번째 부인의 딸이자 포르투갈 왕 주앙 1세의 손녀이기도 합니다. 1469년 아라곤의 황태자 페르난도와 결혼했습니다. 오빠인 엔히크 4

세의 서거 후 왕위를 계승해 남편과 주권의 평등을 유지하면서 공동 통치했습니다. 1479년 남편이 아라곤 왕이 되자 에스파냐를 통일했습니다. 이베리아반도 남부의 이슬람교국인 그라나다를 정복했고 로마 교황으로부터 가톨릭 왕이라는 칭호를 받았습니다.

콜럼버스 동상

중등 역사부도

천재 화가
레오나르도 다 빈치

레오나르도의 부모는 정식으로 결혼한 사이가 아니었습니다. 레오나르도의 어머니 카타리나는 가난한 집의 딸이었습니다. 그녀는 레오나르도를 낳았지만 신분과 지위가 너무 달라서 결혼할 수 없었습니다.

레오나르도가 태어난 빈치는 이탈리아 중부의 외진 마을이었습니다. 200년 이상 그 마을에 살았던 레오나르도 집안은 대대로 법률가로 일해 오고 있었습니다. 레오나르도 집안 남자들은 피렌체 근교 마을에까지 이름이 널리 알려져 있었습니다.

"레오나르도는 법률가가 될 수 없어요."

"정식으로 결혼한 사이가 아니니 당연하지."

사람들은 어린 레오나르도를 보고 수군거렸습니다.

어린 레오나르도는 그 사실도 모른 채 잘 자랐습니다. 이후 아버지 세르 피에로는 부유한 집안의 딸과 결혼했습니다. 레오나르도는 돌이 될 때까지 어머니와 살다가 할머니와 할아버지의 손에서 자랐습니다. 어머니가 다른 집안의 남자와 결혼했기 때문이었습니다.

할아버지가 돌아가시자 레오나르도는 피렌체에 있는 아버지 집에서 살게 되

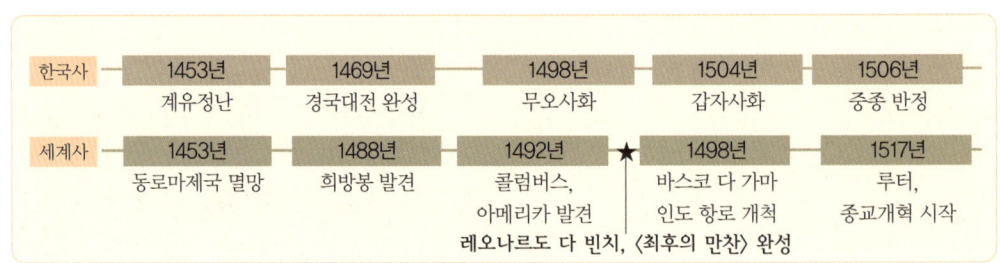

었습니다. 함께 살던 삼촌이 결혼을 해서 떠났기 때문에 레오나르도를 돌볼 사람이 없었던 것입니다.

"레오나르도, 이곳은 시골 빈치와는 다르단다. 분명히 너에게 다른 생활이 될 거다."

"저도 그렇게 생각해요. 뭔가 신나는 일이 있을 것 같거든요."

아버지는 아들과 처음으로 살게 되었기 때문에 친해지려고 애썼습니다. 레오나르도 역시 아버지와 잘 지내고 싶었습니다.

"레오나르도, 넌 그림을 잘 그리는구나."

레오나르도가 그림 그리는 것을 지켜본 아버지 피에로가 말했습니다.

"내가 너에게 좋은 선생님을 소개해주마."

아버지는 아들을 위해 베로키오 선생님을 소개해주었습니다. 베로키오의 작

업실은 도시 한가운데 있었는데 교회의 그림·초상화·갑옷·의상 등 처음 보는 낯선 것들로 가득했습니다.

"네가 레오나르도로구나. 이제부터 나와 이곳에서 살아야 한다."

그날부터 레오나르도는 베로키오의 작업실에서 살게 되었습니다. 레오나르도는 베로키오가 가르치는 아이들 중에서도 눈에 띄는 아이였습니다. 다른 아이들은 상인의 아들들이었지만 레오나르도는 법률가의 아들이었습니다. 또 나이도 다른 아이들에 비하면 많은 편이었습니다.

"여기서 지내려면 몇 가지 규칙을 꼭 지켜야 한다. 물론 뒷정리도 함께."

"네, 자신 있어요."

레오나르도는 새로운 생활에 기대가 컸습니다. 처음에는 물감을 준비하는 일부터 했습니다. 그런 다음 데생을 배웠습니다. 인물과 경치를 그리고 스승의 그림을 베끼고 연습했습니다.

레오나르도는 당시 유행했던 프레스코 벽화·패널화·템페라화를 배웠습니다. 하지만 레오나르도는 유화를 좋아했습니다.

"레오나르도, 이제 내가 네게 가르쳐줄 것은 없구나."

"스승님, 좀 더 배우고 제가 떠나고 싶을 때 떠나겠어요."

그후로 레오나르도는 5년 더 베로키오의 조수로 일했습니다.

"레오나르도, 레오나르도!"

베로키오가 숨넘어갈 것처럼 레오나르도를 불렀습니다.

"이, 이 그림 네가 그린 것이냐?"

레오나르도는 머뭇거리더니 고개를 끄덕였습니다.

'내가 그린 것보다 훨씬 좋군.'

충격을 받은 베로키오는 다시는 그림을 그리지 않았다고 합니다. 하지만 정말 그랬는지는 아무도 알 수가 없습니다.

레오나르도 다 빈치

> 1452~1519
> 이탈리아의 미술가, 과학자, 기술자, 사상가

레오나르도 다 빈치

레오나르도 다 빈치는 어릴 때부터 수학을 비롯한 여러 가지 학문을 배웠습니다. 음악에 재주가 뛰어났으며 그림 그리기를 즐겨했습니다. 1466년부터 피렌체로 가서 아버지의 친구인 베로키오에게서 교육을 받았습니다. 이곳에서 인체의 해부학을 비롯해 자연현상을 관찰하고 정확하게 그려내는 것을 익혔습니다. 그의 그림은 사실적인 표현이 뛰어났습니다.

그는 만년에 이르러 과학에 관심을 갖고 수많은 소묘를 남기기도 했습니다. 인체 해부를 묘사한 그림들은 의학 발전에도 영향을 끼쳤습니다. 과학적 연구는 수학과 물리를 비롯한 천문학과 식물학 등에 이르기까지 다방면에 이르렀습니다. 그는 오늘날 우리가 자연과학으로 분류하는 해부학과 동물학 등에도 깊은 관심을 가졌습니다. 그의 연구 결과는 19세기 말에 들어서 주목을 받기 시작했는데 다시금 그의 과학적인 천재성도 인정받고 있습니다.

현재 그에 관한 기록이 23권의 책으로 남아 있습니다. 르네상스의 가장 훌륭한 업적이라 할 수 있는 즉 원근법과 자연에의 과학적인 접근, 신체의 해부학적 구조, 이에 따른 수학적 비율 등이 그에 의해 완벽한 완성에 이르게 되었습니다. 그의 명성은 〈최후의 만찬〉, 〈모나리자〉, 〈동굴의 성모〉, 〈동방박사의 예배〉 등의 뛰어난 작품들에서도 볼 수 있습니다. 그는 르네상스를 대표하는 가장 위대한 예술가일 뿐만 아니라 지구상에 생존했던 가장 경이로운 천재 중 하나였습니다.

그 시대엔 또 무슨 일이 있었을까?

〈모나리자〉

모나리자

피렌체의 부자 프란체스코 델 조콘다의 부인을 그린 초상화입니다. 이 초상화는 눈썹이 없는 것으로 유명합니다. 넓은 이마를 미인의 전형으로 여겨, 여성들 사이에 눈썹을 뽑아버리는 일이 유행했기 때문이라는 설, 미완성 작품이라는 설, 원래 눈썹을 그렸으나 복원 과정에서 지워졌다는 설 등이 있습니다. 2009년에는 프랑스의 미술 전문가가 특수카메라를 사용해 분석한 결과, 다 빈치는 이 그림을 3차원으로 표현하기 위해 유약으로 여러 겹을 특수 처리했다고 합니다. 그래서 가장 바깥에 그려졌던 눈썹이 수백 년의 세월이 흐르는 동안 화학반응을 일으켜 사라지거나 떨어져나간 것이라는 주장도 있습니다.

프레스코 벽화

젖은 회반죽벽 위에 그리는 그림입니다. 우선 종이에 그림을 그립니다. 그림의 윤곽을 따라 송곳으로 구멍을 뚫고 종이를 회반죽벽에 붙인 다음 그 위에 석탄 가루를 뿌립니다. 석탄 가루가 구멍 속으로 들어가게 되어 회반죽벽 위에 밑그림이 그려지면 물감으로 색을 칠하는 기법입니다.

패널화

평평한 나무 판에 그리는 그림입니다. 물에 끓이거나 증기에 쐰 나무 위에 직접 밑그림을 그리는 기법입니다.

템페라화

아교나 달걀노른자로 안료를 녹여 만든 불투명한 그림입니다. 물과 신선한 달걀노른자에 색소 분말을 섞어서 그리는 그림으로 달걀노른자는 색소를 고정시키는 역할을 합니다. 하지만 물감이 빨리 말라버리는 게 단점이기 때문에 물감이 마르기 전에 그림 그리는 것을 마쳐야 합니다.

예술가 클럽

피렌체의 예술가들은 '성 루가의 친구들'이라는 화가 조합에 속해 있었습니다. 피렌체에서 작업장을 열고 싶다면 반드시 이 조합에 가입해야 했습니다. 6년간의 도제 생활을 마치고 나면 화가 조합에 가입할 수 있습니다. 레오나르도 이 화가 조합에 속해 있었습니다. 성 루가는 예술가들의 수호정신으로 전설에 따르면 예수와 성모 마리아의 초상화를 그린 화가라고 전해집니다.

최후의 만찬

예수가 십자가에 매달리기 전날 밤에 열두 제자와 마지막으로 나눈 저녁 식사입니다. 교회 성찬식은 여기에서 유래되었습니다. 이 자리에서 예수는 유다의 배신을 지적했습니다. 종교화의 제재로 주로 쓰이며, 특히 레오나르도 다 빈치가 그린 벽화가 유명합니다.

〈최후의 만찬〉

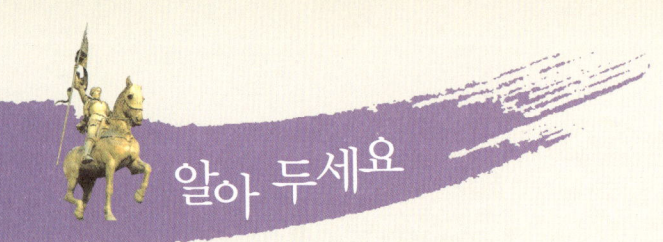

알아 두세요

베로키오(1435~1488)

이탈리아의 화가·조각가입니다. 피렌체 태생으로, 도나텔로로부터 그림 공부를 했습니다. 사람의 근육과 근육의 움직임을 특히 잘 묘사했습니다. 그림으로는 레오나르도 다 빈치와 함께 그린 〈크리스트의 세례〉와 〈성 토마스의 회의〉, 조각으로 〈다비드〉·〈콜레오니 장군 기마상〉 등이 있습니다.

조르조 바사리(1511~1574)

이탈리아 르네상스 시대의 화가이며 건축가·미술사가입니다. 메디치가의 후원 아래 다양한 프레스코화와 우피치궁 설계 등을 맡았습니다. 특히 그의 《미술가 열전》은 세계 최초의 본격적인 미술사로 르네상스 예술을 이야기할 때 결코 빼놓을 수 없는 중요한 자료가 되고 있습니다. 뿐만 아니라 레오나르도 전기를 처음 쓴 사

다 빈치의 초기 작품 중의 하나인 〈수태고지〉

다 빈치가 제작한 기중기

〈카네이션의 성모〉

람입니다. 서로 만난 적은 없지만 레오나르도에 대한 이야기를 듣고 쓴 이 책은 1550년 출간되었는데 유명한 예술가들의 생애를 다루고 있습니다. 레오나르도 이야기는 10여 쪽에 불과했지만 중요한 자료가 되고 있습니다.

주앙 2세(1455~1495)

포르투갈의 국왕입니다. 주앙 2세는 왕위에 올라 왕권을 강화하고 포르투갈 절대왕제의 기초를 닦았습니다. 대귀족들에 대해 단호하게 왕의 권위를 세우고 아프리카와 인도의 탐사를 재개한, 포르투갈의 위대한 통치자였습니다.

다 빈치가 쓰고 스케치한 책들

중등 도덕

지동설을 주장한
코페르니쿠스

　코페르니쿠스의 아버지는 구리 장수였지만 판사·은행가·시의회 의원까지 다양한 직업을 가졌습니다.

　그래서 코페르니쿠스는 어릴 때부터 남부럽지 않게 여러 교육을 받았습니다. 로마 가톨릭 교회에서 운영하는 학교에 다니며 글쓰기와 수학 등을 배웠습니다. 뿐만 아니라 검을 사용하는 법과 말 타는 법도 배웠습니다.

　"아버지, 이걸 다 배워야 하나요?"

　코페르니쿠스는 말에서 내리면서 물었습니다.

　"물론이다. 너를 지킬 수 있는 힘이 가정을 지키고 나라를 지키는 일이란다."

　아버지는 언제나 그렇게 말씀하셨습니다.

　코페르니쿠스가 열 살이 되었을 때 아버지는 세상을 떠나고 말았습니다. 슬픔에 빠진 형제들에게 로마 가톨릭 교회의 주교인 외삼촌이 든든한 후원자가 되었습니다. 이후 외삼촌 르차스 바첸로데가 조카들을 돌보았습니다.

　"이젠 내가 아버지를 대신해서 너희를 지켜줄 거다."

　외삼촌은 조카들이 교회에서 일하며 편히 살기를 바랐습니다. 코페르니쿠스는 대학에서 라틴어와 그리스어 수업을 들었습니다. 로마 시인들의 작품을 읽

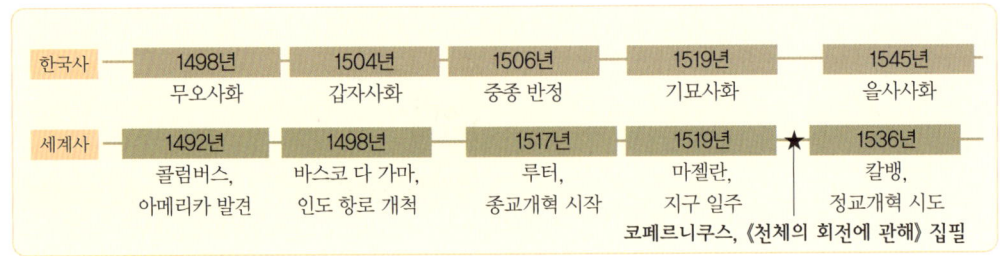

| 한국사 | 1498년 무오사화 | 1504년 갑자사화 | 1506년 중종 반정 | 1519년 기묘사화 | 1545년 을사사화 |
| 세계사 | 1492년 콜럼버스, 아메리카 발견 | 1498년 바스코 다 가마, 인도 항로 개척 | 1517년 루터, 종교개혁 시작 | 1519년 마젤란, 지구 일주 ★ | 1536년 칼뱅, 정교개혁 시도 |

★ 코페르니쿠스, 《천체의 회전에 관해》 집필

거나 수학과 천문학도 공부했습니다. 코페르니쿠스는 대학에서 그리스의 천문학자 프톨레마이오스가 완성한 천동설을 배웠습니다. 지구가 우주이며 움직이지 않는다는 이론이었습니다.

"지구는 어떻게 생겼을까?"

"뭘 그렇게 중얼거려?"

"안드레아스, 직접 확인해 보고 싶지 않아?"

"뭘?"

"천동설 말이야."

코페르니쿠스는 오랫동안 변하지 않는 이론에 대해 호기심이 생겼습니다.

"이것 좀 보라고. 우린 유럽의 천문학을 중심으로 공부하고 있어. 하지만 이슬람 천문학은 새롭게 변화하고 있잖아."

"좋아. 가만히 앉아서 책만 본다고 공부가 아니지."

안드레아스도 고개를 끄덕였습니다.

코페르니쿠스는 안드레아스와 직접 확인해 보기로 했습니다.

"그건 위험한 일이다."

삼촌은 반대했습니다.

"삼촌, 허락해주세요. 하지만 삼촌이 허락해주시지 않아도 저흰 여행을 떠날 겁니다."

코페르니쿠스의 의지가 강해 삼촌도 어찌할 방법이 없었습니다.

삼촌 바첸로데 주교는 조카들이 대학에서 쭉 공부하기를 원했습니다. 그러나 형제는 계획대로 학교에서 나와 알프스 산맥으로 갔습니다. 여행을 시작한 지 두 달이 지나서야 이탈리아 볼로냐에 도착했습니다.

"드디어 우리가 목적지에 도착했어."

두 사람은 뿌듯한 눈빛으로 서로를 바라보았습니다. 그리고 좀 더 새로운 학문을 접하고 싶어서 볼로냐 대학에 등록했습니다. 코페르니쿠스는 그곳에서 교회법·수학·천문학을 공부했습니다. 그러던 어느 날 코페르니쿠스는 밤하늘의 별을 올려다보고 있었습니다.

"저 별은 어디쯤 있는 걸까?"

"그만 봐. 그러다가 목 부러지겠어."

지나가던 친구들이 농담을 건넸습니다. 바로 그때였습니다.

"저, 저것 좀 봐!"

코페르니쿠스는 손가락으로 하늘을 가리켰습니다.

"뭔데 그래?"

친구들은 코페르니쿠스가 가리키는 하늘을 올려다보았습니다.

지구의 그림자가 달을 덮기 시작했습니다.

"저게 월식이라는 거로구나."

코페르니쿠스는 직접 눈으로 월식을 목격했던 것입니다.

"우주는 신비하고 놀라워. 어떻게 저런 일이 생길 수 있을까!"

코페르니쿠스는 우주에 대한 호기심을 그냥 지나칠 수가 없었습니다. 이후 코페르니쿠스는 천문학에 대한 관심이 더 깊어졌습니다.

코페르니쿠스

- 1473~1543
- 니콜라우스 코페르니쿠스
- 폴란드의 천문학자. 지동설

코페르니쿠스는 열 살 때 아버지를 여의고 바르미아 주교인 외삼촌인 바체르로데 신부 밑에서 자랐습니다. 그는 신부가 되기 위해 입학한 크라코프 대학에서 철학 교수인 불제프스키에게 수학과 천문학 강의를 들었습니다.

코페르니쿠스

이때 프톨레마이오스의 우주관인 천동설에 문제가 있다는 것을 알게 되었습니다. 당시의 천문학에는 교회력의 시정과 항해력의 개량이라는 두 개의 큰 문제가 있었습니다. 교회력은 율리우스력을 오랫동안 사용한 까닭에 달력에서 춘분 등의 절기가 실제보다 10일 정도 늦게 와서 제례일과 계절이 맞지 않는 문제가 있었습니다. 그리고 항해력은 원양항해자가 천문항법을 이용할 때, 천동설을 근거로 계산한 천체 위치가 정확하지 않아 항해할 때 위험할 수 있다는 문제였습니다.

코페르니쿠스는 외삼촌의 도움으로 볼로냐 대학에서 그리스 철학과 천문학을 공부했습니다. 공부를 마친 뒤에는 약 1년간 로마에 체류하며 수학과 천문학에 관한 강연을 하고, 의학과 교회법을 익힌 뒤 1506년 귀국했습니다. 귀국 후에는 외삼촌이 본당 신부로 있는 하일스베르크에서 빈민들에게 의술을 베풀어 큰 명성을 얻었습니다. 외삼촌이 죽은 뒤 프라우엔부르크 성당의 신부로 취임했는데, 그때부터 스스로 만든 측각기를 이용해 천체관측을 시작했습니다. 관측은 정밀하지 않았으나 이론가로서 태양을 중심으로 하는 행성계의 개념을 구축해 나가기에는 충분했습니다. 1520년 프라우엔부르크 대교구장을 지내다가 일생을 마쳤습니다.

그 시대엔 또 무슨 일이 있었을까?

천동설

지구가 우주의 중심으로서 움직이지 않으며, 지구의 둘레를 달·태양·행성들이 각기 고유의 천구를 타고 공전한다고 하는 우주관입니다. 이 우주관은 16세기까지 널리 인정되었으나 이후 코페르니쿠스의 지동설로 대체되었습니다.

코페르니쿠스와 지동설

지동설은 태양이 우주 혹은 태양계의 중심에 있고 나머지 행성들이 그 주위를 공전한다는 우주관입니다. 지동설을 착안하고 그것을 확신하게 된 시기가 언제인지는 명확하지 않으나, 그의 저서《천체의 회전에 관해》는 1525년부터 1530년 사이에 집필된 것으로 추측되고 있습니다. 다만 출판을 주저한 것은 종교적으로 이단자가 된다는 당시의 상황을 고려한 때문일 것으로 추측됩니다. 그러나 그는 〈천체의 운동과 그 배열에 관한 주해서〉라는 논문을 출판해 일부 천문학자들에게 배포했습니다. 그 가운데 1부가 교황 클레멘트 7세에게도 전달되었습니다. 1536년에는 쉰베르크 주교로부터 본 책의 출판을 권유받기도 했습니다. 그가 출판의 뜻을 굳힌 직접적인 동기는 독일의 젊은 수학자의 권유 때문이었습니다. 그는 1539년에 코페르니쿠스로부터 1년 정도 직접 가르침을 받고, 스승의 생각을 출판할 것을 청했습니다. 원고가 세계 최초의 뉘른베르크 활판인쇄소로 넘어간 것은 1542년입니다. 이 책의 인쇄견본이 코페르니쿠스에게 전달된 것은 이듬해 5월 24일 그가

코페르니쿠스의 지동설

임종하는 자리에서였다고 합니다. 그러나 그의 지동설에서 유의해야 할 점은 그가 생각한 태양계의 모습이 현재 우리가 생각하는 태양계와는 다르다는 점과 지구의 공전과 자전의 증거를 하나도 밝혀내지 못했다는 점입니다.

볼로냐

아펜니노산맥 북쪽 기슭으로 로마시대부터 있는 에밀리아 가도에 있습니다. 기원은 로마시대 이전이며 6세기에 비잔틴의 지배를 받았습니다. 그러나 12세기에는 강력한 자치도시가 되었습니다. 장기간의 내란 끝에 1506년부터는 교황령이 되었으며 나폴레옹전쟁 때를 제외하고는 이탈리아 통일 때까지 교황령으로서 평화를 누렸습니다. 중세 이래로 유럽의 학문과 예술의 중심지로서 유명했습니다. 11세기에 창설된 볼로냐대학은 법학의 볼로냐파와 함께 널리 알려졌습니다. 아케이드가 있는 거리와 시청사 · 궁전 등이 남아 있어 중세를 회상케 합니다. 풍요한 농업지대에 위치해 상공업의 중심을 이루었으며 공업으로는 기계 · 자동차 · 식료품가공 등이 활발했습니다.

코페르니쿠스는 로마에서 수학과 천문학을 강연하며 의학과 교회법을 배웠다.

알아 두세요

케플러

케플러(1571~1630)

독일의 천문학자입니다. 1596년, 코페르니쿠스의 지동설을 보충해, 지구가 태양의 주위를 돈다는 《우주의 신비》라는 책을 써서 티코 브라헤와 갈릴레이 등을 알게 되었습니다. 가난 속에서도 행성의 궤도 모양과 운동에 관한 관측과 연구를 계속해 '케플러의 3법칙'을 발표했습니다. 그외에 케플러식 망원경을 만들었으며 천문학·광학 분야에서 많은 업적을 남겼습니다.

케플러의 법칙

태양계의 모든 행성은 태양을 초점으로 하는 타원 궤도를 그리며 돌고, 행성의 속도와 태양과 행성을 연결하는 직선이 같은 시간 동안에 그리는 면적의 곱은 항상 일정해, 행성의 공전 주기의 제곱은 행성의 평균 거리의 세제곱에 비례한다는 것입니다.

갈릴레이

갈릴레오 갈릴레이(1564~1642)

이탈리아의 물리학자·천문학자로 피사에서 태어났습니다. 피사 대학 재학 중 '흔들이의 등시성'을 발견해 맥박계를 고안했고, 25세 때 피사대학 강사가 되어, 아리스토텔레스의 이론과 연구 방법이 잘못되었음을 밝히는 '물체의 낙하 법칙'을 발표했습니다. 1632년에 《천문학 대화》에서 지동설을 주장, 많은 논란을 불러일으켜 종교 재판을 받고 감시 속에서 살았습니다. 여러 연구를 통해 근대 과학에의 길을 개척했으므로 '근대 자연 과학의 아버지'라 불립니다.

프톨레마이오스(85?~165?)

그리스의 천문학자·지리학자입니다. 이집트의 알렉산드리아에서 천체 관측에 종사하고, 고대 그리스의 천문학을 정리해 《천문학 집대성》이란 책을 썼습니다. 이 책은 뒤에 아라비아어로 번역되어, 《알마게스트》란 이름으로 널리 알려졌고, 오랫동안 권위 있는 책이 되었습니다. 그러나 그 책은 지구는 움직이지 않고 하늘이 지구의 둘레를 돈다는 '천동설'의 입장에서 씌어졌기 때문에, 코페르니쿠스의 '지동설'이 나타나자 그의 학설은 송두리째 무너졌습니다.

플라네타리움

프톨레마이오스 세계지도

중등 역사부도

종교개혁자
마르틴 루터

마르틴 루터의 아버지는 가톨릭 신자였습니다. 그래서 루터는 태어난 지 몇 시간도 안 되어 세례를 받고 마르틴 루터라는 이름을 갖게 되었습니다.

"루터, 튼튼하고 건강하게 잘 자라렴."

아버지 한스 루터는 아이를 위해 기도했습니다.

한스 부부는 만스펠트로 이사를 했습니다. 그곳에서 광부로 일을 했습니다.

"많이 힘들죠. 더 편한 일을 찾으면 좋으련만……."

어머니는 걱정이 되었습니다.

"걱정하지 말아요. 하늘이 우리를 도와주실 테니까."

광부 일은 힘들고 위험한 일이었습니다. 그래서 사람들은 언제나 자신의 가족과 안전을 위해서 기도했습니다.

루터의 아버지도 마찬가지였습니다. 아버지는 성실한 일꾼이었습니다. 얼마 후 광산 여섯 개와 공장 두 개를 갖게 되었습니다. 또한 만스펠트 시의회에서 존경받는 인물이 되었습니다.

루터가 태어난 후에도 여섯 아이들이 더 태어났습니다. 신앙심이 깊고 성실했던 한스 부부는 아이들에게 엄격했습니다.

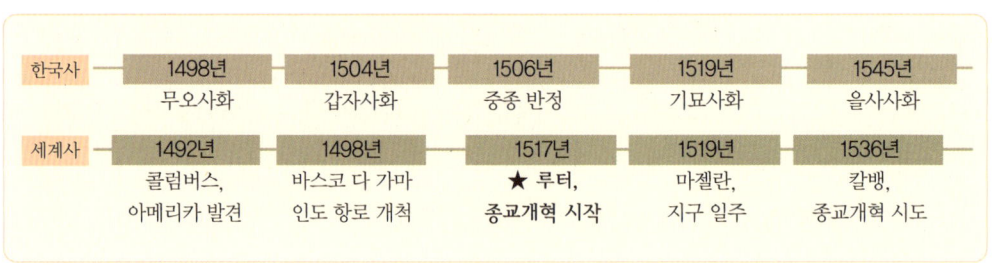

한스 부부에게 힘든 시기가 다가왔습니다. 무서운 흑사병이 수천 명의 사람들을 죽음으로 몰았습니다. 살아남은 사람들은 음식을 구하고 깨끗한 물을 찾으려고 했습니다. 골목마다 거지가 많았고 여기저기에서 범죄가 일어났습니다. 가톨릭교회는 그런 사람들에게 희망을 주었습니다. 그러나 사악한 마녀를 믿는 사람들도 많았습니다.

　"죄를 회개하고 용서를 구해야 해."

　사람들은 무서운 일이 생길 때마다 교회에 가서 고해성사를 하거나 기도를 했습니다. 자신의 몸과 마음을 깨끗하게 하기 위해서 성지순례를 다녀오는 경우도 있었습니다. 성자들이 걸었던 길을 따라 걸으며, 기도하면서 자신의 마음도 깨끗해지려고 노력하는 것이었습니다. 여기저기 소란한 일들이 일어날수록 사람들은 하늘에 계신 하나님께 의지하고 간절히 기도했습니다.

　루터 역시 성스러운 행동이 자연스럽게 몸에 익었습니다. 부부는 아들 루터가 좋은 교육을 받기를 원했습니다.

　당시 교황청에서는 사람들에게 면죄부를 주기도 했습니다. 사람들은 면죄부

를 통해 죄를 씻을 수 있다고 믿었습니다. 어떤 사람들은 면죄부를 사기 위해 돈을 지불했습니다. 그 과정에서 교회는 온전한 믿음이 아닌 세상 밖으로 타락하는 모습을 보였습니다.

"루터, 돈으로 죄를 씻는 건 있을 수 없다. 네가 얼마나 노력하느냐가 중요한 거다."

아버지 한스는 루터가 반드시 미사에 참석하도록 했습니다. 그리고 날마다 성경구절을 외우게 했습니다. 선생님들은 무서웠고 엄격했습니다. 과제를 해오지 않으면 그에 따른 체벌을 주었습니다.

열다섯 살이 된 루터는 공동생활형제회에서 운영하는 기숙사에서 학교를 다녔습니다. 1년 후에는 그레고리우스 라틴어 학교에 입학해서 우수한 성적으로 졸업한 뒤 선생님들의 추천을 받아 에르푸르트 대학에 들어갔습니다.

아버지는 광산에서 일하면서 아들을 위해 학비를 댔습니다. 루터는 이에 보답이라도 하듯 1년 만에 학위를 받았습니다. 아버지는 루터가 변호사가 되기를 바랐습니다.

그가 아버지의 뜻대로 법학을 공부하기 시작할 무렵이었습니다. 루터는 기도 중에 신비한 음성을 들었습니다.

루터는 그 순간 결심했습니다.

"가톨릭 수도사가 되겠다."

이때부터 루터의 삶은 완전히 바뀌게 되었습니다.

루터

- 1483~1546
- 마르틴 루터
- 독일의 종교개혁자, 신학자

루터

　마르틴 루터는 1501년 에르푸르트 대학에 입학해서 일반 교양과정을 마치고 법률 공부를 시작했습니다. 그는 자신의 삶과 구원 문제에 깊은 관심을 가지고 있었습니다. 그 무렵 여행 중에 낙뢰를 만났을 때 함께 가던 친구의 죽음을 목격했습니다. 이를 계기로 학업을 중단하고 에르푸르트의 아우구스티누스 수도회에 들어갔습니다. 규율에 따라 수도생활을 하며 1507년 사제가 되었고, 오컴주의 신학교육을 받아 수도회와 대학에서 중책을 맡게 되었습니다.

　신학박사가 된 다음에는 성서학 강의를 시작했습니다. 이때 그는 하느님은 인간에게 행위를 요구하는 것이 아니라, 예수 그리스도를 통해 인간에게 접근하고 은혜를 베풀어 구원하는 신임을 재발견했습니다. 당시 교회의 관습이 되어 있던 면죄부 판매에 대한 비판으로 1517년 '95개조 논제'를 내놓았는데, 이것이 큰 파문을 일으켜 마침내 종교개혁_{가톨릭 교회의 쇄신을 요구하며 등장했던 개혁운동}의 발단이 되었습니다. 그는 교황으로부터 파문칙령을 받았으나 불태워 버렸습니다.

　1521년에는 신성로마제국 의회에서 그의 주장을 취소할 것을 강요했습니다. 그러나 그는 이를 거부해 제국에서 추방되었습니다. 그로부터 9개월 동안 작센 선제후의 비호 아래 바르트부르크 성에서 숨어 지내면서 신약성서의 독일어 번역을 완성했습니다. 이것이 독일어 통일에 크게 공헌했습니다. 그 뒤 만년에 이르기까지 가톨릭교회와 종교개혁 좌파 사이에서 이들과 논쟁하고 대결하면서 종교개혁 운동을 추진했습니다. 이후 고향인 아이슬레벤에서 병으로 죽었습니다.

그 시대엔 또 무슨 일이 있었을까?

루터의 신앙

　루터는 상황 속에서 자기를 형성하고 발언하는 신학자였기 때문에 만년에 이르기까지의 많은 저서와 강의를 통해 그의 사상을 남김없이 토로했습니다. 그는 신학의 근거를 예수 그리스도를 통한 신의 은혜와 사랑에 두었습니다. 인간은 이에 신앙으로써 응답해야 한다고 강조했습니다. 인간은 태어나면서 하느님께 반항하고 자기를 추구하는 죄인이지만 그리스도로 말미암아 죄를 용서받고 '자유로운 군주'이면서 '섬기는 종'이 되는 것입니다. 신앙의 응답을 통해 자유로운 봉사, 이 세계와의 관계가 생겨나는 것이라고 주장했습니다. 이런 면에서는 특히 모든 직업을 신의 소명(어떤 일이나 임무를 다하도록 부르는 명령)에 의한 것이라고 설명한 것은 이후 직업

종교개혁 기념비

관에 커다란 영향을 미쳤습니다. 더욱이 이러한 견해가 성서에만 그 바탕을 두어야 한다고 주장하고 또 실천한 것을 주장했습니다. 1525년 카타리나와 결혼한 것도 이 같은 실천의 하나로 꼽을 수 있습니다. 당시의 정치적 사회적 정세 속에서 이러한 신앙적 주장을 관철했다는 것은 주목할 만한 사실이었습니다. 칼뱅이나 다른 종교개혁자와 함께 종교개혁을 르네상스와 함께 근세에의 전환점으로 만들었습니다.

면죄부 판매

면죄부

가톨릭교회가 신자에게 고해성사 이후에도 남아 있는 벌의 일부 혹은 전체를 사면해주었음을 증명하는 문서입니다. 중세 말 금전적인 목적으로 남용되면서 비난받았으며 이는 종교개혁에도 영향을 끼쳤습니다.

고해성사

7성사의 하나입니다. 첫째 성찰이란, 고해성사를 받으려고 할 때 먼저 자신이 하느님의 사랑을 거슬러 지은 죄를 자세히 생각해 냅니다. 둘째 통회에서는, 하느님 앞에 죄를 지은 자로서의 나약한 자신을 인식하고 자기 죄를 진심으로 뉘우치며 가슴 아파합니다. 셋째, 하느님의 대리자인 사제에게 자기의 마음을 열어 죄를 고백합니다. 넷째 보속은, 죄를 보상하는 마음으로 기도, 사랑의 실천, 생활의 개선 등에 힘씁니다. 다섯째, 죄를 짓는다는 것은 곧 하느님과의 화평 관계에서의 일탈을 의미하며, 이 고해성사를 통해 이 화평 관계를 회복하게 된다는 것입니다.

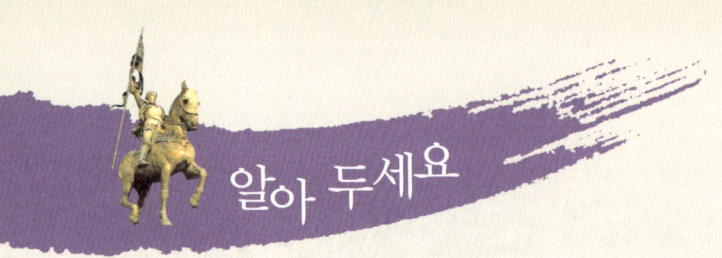

알아 두세요

신성로마제국

962년 독일의 오토 1세가 로마 교황으로부터 대관을 받은 때부터 1806년 프란츠 2세가 나폴레옹에 패해 제위에서 물러날 때까지 독일 제국의 정식 명칭이었습니다.

오토 1세(912~973)

독일의 왕으로 신성 로마 제국의 초대 황제입니다. '오토 대제'라고도 합니다. 아버지 하인리히의 뒤를 이어 936년 왕위에 올라 제후들의 힘을 누르고 왕권을 강화하는 등 내정에 힘썼습니다. 마자르 족과 데인 족을 물리치고 슬라브 족을 정복해 영토를 넓히고, 이탈리아·헝가리 등을 굴복시켜 크리스트교를 퍼뜨렸습니다. 이 공으로 962년 로마 교황으로부터 신성 로마 황제의 제관을 받았다.

칼뱅(1509~1564)

프랑스의 종교개혁자입니다. 루터와 에라스무스 등의 영향을 받고 신교에 깊이 공감하게 되었습니다. 그후 신교에 대한 탄압이 시작되자 스위스로 망명해, 1536년 복음주의의 고전으로 꼽히는 《크리스트교 강요綱要》를 써서 신교의 이론적 지도자로 존경받게 되었습니다. 그리하여 제네바 시의 집권자가 되어 종교개혁 운동을 벌이는 한편, 성서에 바탕을 둔 엄격한 신권 정치를 실시했습니다. 그는 올

오토 1세 사인과 인장

95개조 논제의 반박문을 발표하는 루터

반박문을 내건 문

바른 신앙은 성서에 기초를 두어야 하며, 직업은 신성한 것이라 생각해 검소·절약·근로를 존중했습니다. 이 사상은 유럽으로 널리 퍼져 나갔습니다.

루터의 95개조 반박문

로마 교황 레오 10세가 성 베드로 성당의 수리비용을 마련하기 위해 면죄부를 팔자, 독일의 신학 교수였던 루터가 이에 반박하면서 1517년 10월 31일 비텐베르크 성당 정문에 95개조로 구성된 반박문을 붙였습니다. 이 반박문은 종교개혁의 시작이 되었습니다. 그는 오직 성경에 근거한 믿음만을 강조했습니다. 교황과 독일 황제가 루터에게 주장 철회를 요구했으나 루터는 뜻을 굽히지 않았습니다. 많은 제후들의 지지로 루터파는 황제와의 오랜 싸움 끝에 정식으로 승인받았습니다.

레오 10세(1475~1521)

재벌가 아버지 로렌초 데 메디치의 권세로 1419년 열세 살 때 추기경이 되었고 1513년 교황에 즉위했습니다. 많은 학자·문인·예술가를 주변에 모아 로마의 문화적 번영을 가져오게 했지만, 사치한 생활은 교황청의 재정 궁핍을 초래했습니다. 베드로 성당 건립을 위해 판매한 면죄부는 종교개혁의 직접적인 계기가 되었습니다. 1521년 루터를 파문했는데 종교개혁 중에 사망했습니다.

중등 역사부도

최초로 세계 일주를 한
마젤란

"지금부터 시작이다. 세계가 둥글다는 걸 보여주겠어!"

마젤란은 다섯 척의 배를 에스파냐의 항구에 세워 놓고 다짐했습니다. 항구에 있던 많은 사람들이 고개를 저었습니다.

"무모한 짓이야. 분명히 얼마 못 가서 돌아오게 될 거라고!"

사람들은 걱정스런 눈빛으로 배를 올려다보았습니다. 배 안에는 항해 경험이 많은 선원들도 있었지만 이제 막 선원이 된 사람들도 있었습니다.

후안은 여행 참가자 중에 가장 어린 선원이었습니다.

"닻을 올려라, 세계일주가 시작된다!"

선장의 명령이 떨어지자 배는 대서양을 향해 출발했습니다. 마젤란 선단의 기함인 트리니다드 호는 맨 앞에서 지휘했습니다.

"후안, 바닥을 팍팍 잘 닦아야지. 너처럼 게을러서 뭘 하겠니!"

선원들을 관리하는 감독관이 소리쳤습니다.

"청소가 끝났으면 저쪽으로 가서 선원들을 도와라. 돛을 올리는 일도 있고 요리하는 일도 있구나. 네가 찾아서 해야 할 일이 산더미다!"

감독관은 고래고래 소리를 질러댔습니다.

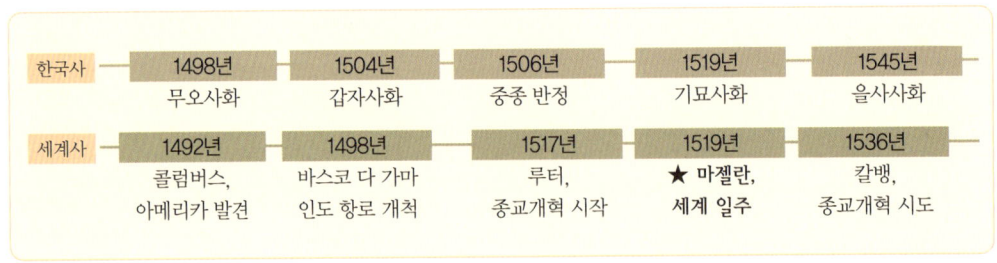

"이보게, 그만 좀 하게. 자네가 윽박을 지르니까 후안이 더 헷갈리잖아. 가만히 지켜보는 것도 필요하단 말일세."

마젤란은 감독관과 후안을 번갈아보며 말했습니다.

"맞아요. 저도 열심히 하고 있다고요!"

후안은 신이 나서 갑판 위로 뛰어 올라왔습니다.

마젤란은 뱃머리 위에서 선원들의 행동을 지켜보고 있었습니다. 마젤란은 선원들에게 명령을 내릴 때 말고는 말을 하지 않았습니다. 배 안의 선원들은 늘 궁금했습니다.

"도대체 우린 어디로 가는 거야?"

"인도라는 것밖에는 알려준 게 없으니, 우린 시키는 대로만 하면 돼."

선원들은 투덜거리면서도 마젤란을 믿고 있었습니다.

"인도에는 괴물이 있대요. 그 놈들은 우릴 한 입에 해치운답니다."

"그뿐인가요. 목 없는 사람들도 산대요."

"우린 어쩌면 인도에 가보지도 못하고 낭떠러지로 떨어질지도 몰라요. 지구는 평평하니까요."

선원들은 난생처음 가는 인도로의 항해가 신기하면서도 두려웠습니다. 인도가 어떤 곳인지 어떤 사람들이 사는지 한 번도 본 적이 없었습니다.

바로 그때 멀리서 폭풍우가 몰아쳤습니다. 하늘은 먹구름이 가득하고 바람이 세

차게 불어왔습니다. 마젤란은 침착하게 선원들을 향해 명령했습니다.
"당황하지 말고 돛을 올려라!"
하지만 선원들은 갑판을 뛰어다니며 넘어지고 쓰러지고를 반복했습니다. 파도에 밀려 배는 좌우로 심하게 흔들렸습니다. 도저히 걸어다닐 수 없을 정도였습니다. 선원들은 소스라치게 놀라서 소리칠 힘도 없었습니다.
"여기서 죽고 싶지 않다면 정신 바짝 차려라!"
마젤란 전혀 무서운 기색도 없이 소리쳤습니다. 얼마 후 바람이 잠잠해졌습니다.
"휴우, 이제 살 것 같군."
선원들은 갑판 위에 주저앉았습니다.
"육지다, 육지가 보인다!"
돛 위에 올라가 있던 후안이 소리쳤습니다.
'이제 곧 목적지에 도착하겠구나.'
마젤란은 마음속으로 생각했습니다. 하지만 육지는 금방 나타나지 않았습니다. 시간이 지날수록 선원들의 입에서 불만이 터져나왔습니다.
"우린 어디로 가는 겁니까?"
"지금이라도 우리가 어떻게 어디로 가고 있는지 알려주어야 하지 않나요!"
화가 난 사람들은 아우성이었습니다.
"우린 몰루카 제도로 갈 것이오. 더 이상 질문하지 마시오!"
마젤란은 아무 말도 하지 않고 자리를 떴습니다. 마젤란과 선원들의 힘들고 지친 대항해는 그렇게 계속되었습니다.

마젤란

- 1480~1521
- 페르디난드 마젤란
- 포르투갈 태생의 에스파냐의 항해가, 탐험가, 인류 최초의 지구 일주 항해의 지휘자

인류 최초의 세계 일주를 지휘한 사람입니다. 포르투갈의 하급 귀족 출신으로 포르투갈령 총독의 부하로서 동남아시아에서 일했는데 아프리카와 인도를 연결하는 항해에도 참여했습니다.

아메리카 대륙을 넘어 동남아시아로 항해하는 계획을 세우고, 1519년 서쪽 항로로 몰루카 제도에 가기 위해 선박 다섯 척과 승무원 270명을 싣고 세비야를 출발했습니다.

마젤란

그는 행선지를 숨긴 채 항해해 12월 중순에 리우데자네이루에 닿았습니다. 이듬해 라플라타 강에 도착해 이 곳이 해협이 아니라 강인 것도 확인했습니다.

마젤란은 남하를 계속해 1520년 험난한 항해 끝에 해협을 빠져나가 잔잔한 대양에 이르자 이를 태평양이라 명명했습니다. 이때의 선단은 한 척이 침몰하고 한 척은 도망쳐서 남은 것은 세 척뿐이었습니다. 마젤란은 태평양을 작은 바다로 예상하고 서진했는데 결과는 3개월 이상이 걸리는 항해였습니다. 불안에 떠는 선원들을 통솔해 계속 서쪽으로 가는 동안 아무 섬도 만나지 못했습니다. 그러나 1521년 괌 섬에 도착해 원주민과 전쟁을 치렀습니다. 그리고 현재의 필리핀군도 레이테만의 즈르안 섬에 도착해 세비야에서 데리고 간 수마트라인 노예의 통역으로 원주민과 우호관계를 맺었습니다. 마젤란은 세부 섬의 왕과 부하들을 그리스도교로 개종시키고 에스파냐 왕에게 충성할 것을 서약하게 했습니다. 그렇지만 막탄 섬의 토벌을 시작했다가 부하 12명과 함께 전사했습니다.

그 시대엔 또 무슨 일이 있었을까?

인도총독

영국령 인도에 최초로 총독이 도입된 것은 1773년입니다. 벵골 지방을 대상으로 했기 때문에 '벵골총독' 이라고도 했는데 초대 총독에는 헤이스팅스가 취임했습니다. 1833년 동인도회사의 무역독점권이 폐지되자 이를 계기로 인도총독이 정식으로 설치된 것입니다. 1858년 동인도회사의 폐지로 인도정청이 인도 지배의 단일기관으로 설치되어 총독과 동시에 영국 국왕을 대리했습니다. 1947년 인도의 독립과 동시에 총독은 1950년까지 형식적으로 계속되었지만 실질적 권한은 없었습니다.

몰라카 제도

인도네시아 술라웨시 섬과 이리안자야(뉴기니주) 서쪽 끝 사이에 퍼져 있는 제도입니다. 현지에서는 말루쿠 제도라고 하는데 행정상 말루쿠 주를 이루며 주도는 암본입니다. 역사적으로는 향신료 군도로 알려져 있으며, 할마헤라·세람·부루의 큰 섬 3개를 비롯해 술라·오비· 반다 제도 및 암본·테르나테·티도르· 바찬 등의 섬들을 포함하고 있습니다.

마젤란의 세계 주항도

포르투갈

유럽 이베리아 반도 서부에

위치한 나라입니다. 15~16세기에 해양왕국으로서 지위를 확립하면서 세계 최대의 영토를 소유했지만 18세기 중반 나폴레옹의 침입과 브라질의 독립 이후 급속히 국력이 쇠퇴했습니다. 1910년 공화제가 성립되었습니다.

마젤란의 죽음과 세계일주

마젤란이 죽은 곳이 몰루카 제도의 경선을 넘었기 때문에 '세계일주'를 완수했다고 생각할 수 있습니다. 지휘자를 잃은 선원들은 인원이 부족했기 때문에 배 한 척을 불태우고 나머지 두 척으로 고국으로 돌아오기 위해 출항했습니다. 그런데 할마헤라 섬에서 트리니다드 호가 난파 당하고 빅토리아 호만 향료를 가득 싣고 1522년 9월 8일 세비야로 귀항했는데 생존자는 겨우 18명이었습니다. 이때 필리핀과 마리아나 제도 등의 지명이 생겼고 마젤란은 죽었지만 지구가 둥글다는 사실도 증명할 수 있었습니다.

16세기 포르투갈 상선

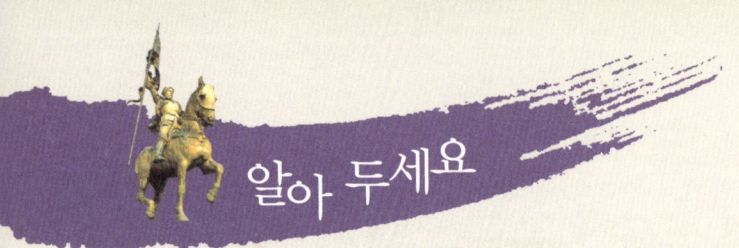

알아 두세요

카를 5세(1500~1558)

별칭은 카를로스 1세이며, 합스부르크가의 독일과 오스트리아 황제입니다. 보름스 국회를 소집해 루터에게 주장 철회를 요구했으나 실패했습니다. 전제적 태도로 가톨릭 제후들의 반감을 사 고립에 빠진 후 루터주의의 정치적 권리를 승인했습니다. 또한 마젤란의 탐험 계획을 받아들여 후원할 것을 약속했습니다.

카를 5세

무어인

711년부터 이베리아 반도를 정복한 아랍계 이슬람교도의 명칭입니다. 마우레인 또는 모르인이라고도 합니다. 본래는 모로코의 모리타니아·알제리·튀니스 등지의 베르베르인을 주체로 하는 여러 원주민 부족을 가리켰습니다. 11세기 이후에는 북아프리카나 아시아의 이슬람교도를 뜻하는 말로 쓰였다가 15세기경부터 이슬람교도를 이르는 말이 되었습니다.

마젤란 해협

남아메리카 남단과 푸에고 제도 사이의 태평양과 대서양을 잇는 해협입니다. 동쪽의 극히 일부를 제외하고는 전체가 칠레 해역에 속합니다. 대서양의 버진 곶에서 중간의 프로워드 곶에 이르는 구간은 폭이 넓고 지형도 평탄합니다. 그러나 그곳에서부터 태평양의 필라르 곶에 이르는 구간은 피오르드상의 좁은 수로로 섬이 많습니다. 역사적으로는 1520년 마젤란이 인도로 가는 항로를 탐험하던 중에 발견했습니다. 당시 마젤란은 이 해협을 빠져나가는 데 36일이 걸렸다고 기록하고 있습니다. 이곳의 악천후를 빠져나와 대양으로 나오게 되자 넓고 잔잔한 대양을 만나게 되었으며 이를 '태평양' 이라고 불렀습니다.

세비야

옛 이름은 히스팔리스입니다. 에스파냐 남부 안달루시아 지방의 과달키비르 강 연안에 있는 항구 도시입니다. 로마 시대에는 지방 중심지로 번창했습니다. 15세기 말에는 신대륙무역의 기지로서 에스파냐 최대의 성당과 대학 등이 설립되는 등 전성기를 맞았지만, 17세기에는 대형 선박의 출입이 편리한 카디스에 밀려서 쇠퇴의 길을 걸었습니다. 그러나 세비야는 역사적인 도시로써 여전히 보수적인 안달루시아 지방의 거점 도시로서 명맥을 유지해 왔습니다.

대항해 시대에 공헌한 엔리케 왕자와 마젤란 바스코 다 가마 등이 조각되어 있는 발견의 탑

중등 역사부도

르네상스 최대의 조각가
미켈란젤로

　미켈란젤로의 아버지가 사업을 물려받을 무렵은 형편이 매우 어려웠습니다. 아버지 로도비코는 농장과 집 한 채뿐이었습니다. 그래서 미켈란젤로의 형 레오나르도가 태어났을 때 아버지는 생각했습니다.

　'이 아이를 위해서라도 내가 가만히 있을 수는 없지. 뭔가 시작해야 해.'

　아버지는 일자리를 구하기 위해 여기저기 돌아다녔습니다. 그러다 시장 겸 판사 역할을 하는 행정관 자리를 얻었습니다.

　"여보, 일자리를 구했소. 레오나르도를 데리고 이사도 할 수 있게 되었다오."

　아버지는 가족을 데리고 마을의 중심에 있는 커다란 석조 주택으로 이사를 했습니다. 미켈란젤로는 이곳에서 태어났습니다. 미켈란젤로는 태어난 지 얼마 되지 않아 유모 카프레세에게 맡겨졌습니다.

　"도련님, 이거 가지세요."

　유모가 인형 하나를 건넸습니다. 유모의 남편은 건축가였습니다. 그는 가끔 미켈란젤로에게 장난감 병정을 만들어주었습니다.

　"와우, 정말 병정이란 똑같네."

　미켈란젤로는 대리석 조각으로 만든 병정을 호기심어린 표정으로 쳐다보았

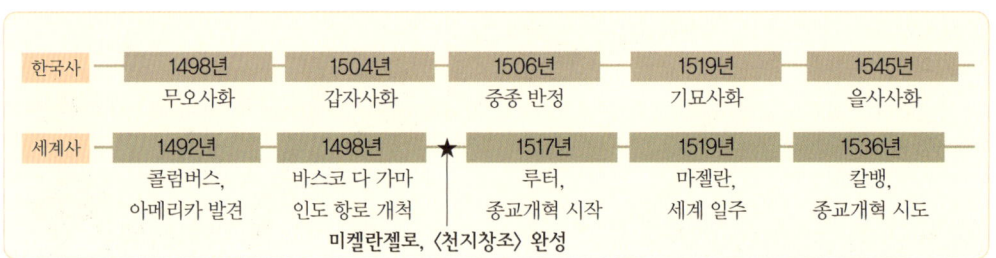

습니다.

미켈란젤로는 유모의 집에서 가족의 품으로 돌아왔습니다. 미켈란젤로의 가족이 아버지의 임기가 끝나서 피렌체의 산타크로체에 있는 집으로 다시 이사를 했기 때문입니다. 그러나 얼마 후 미켈란젤로에게 슬픈 일이 생겼습니다. 어머니가 돌아가신 것이었습니다. 이때 미켈란젤로의 나이 일곱 살이었습니다.

미켈란젤로의 가족은 일요일마다 미사를 드리러 성당에 갔습니다. 성당은 그 시대 최고의 예술품들이 가득한 곳이었습니다. 유명한 조각가 도나텔로가 만든 십자가상과 위대한 예술가 조토가 그린 벽화도 있었습니다.

"아버지, 저 그림 좀 보세요!"

미켈란젤로는 그림을 올려다보면서 입을 다물지 못했습니다.

'저런 그림은 어떻게 그리는 걸까?'

미켈란젤로는 성당에 그려진 그림과 조각품에 대해 궁금한 게 많았습니다.

그러던 미켈란젤로의 집안에 변화가 생겼습니다. 아버지가 부잣집 여자와 재혼을 한 것입니다. 새어머니는 결혼하면서 많은 재산을 가지고 왔습니다. 때문에 아버지는 사업을 할 수 있었습니다.

아버지는 아홉 살이 된 미켈란젤로를 학교에 보냈습니다. 아버지는 미켈란젤로가 자신의 사업을 물려받기를 바랐습니다. 그러나 미켈란젤로

는 아버지처럼 사업에는 관심이 없었습니다. 물론 미켈란젤로는 똑똑했고 공부도 잘했습니다. 그러나 시간이 지날수록 공부에 흥미를 붙이지 못했습니다.

"뭔가 새로운 게 없을까. 매일 책이나 보고 글을 받아쓰는 건 창의적이지도 흥미롭지도 않아."

미켈란젤로는 공부하는 게 지겨워지기 시작했습니다.

"그래! 그림이야. 그림을 그려보는 거야. 성당에서 봤던 그 놀라운 벽화를 어떻게 잊을 수가 있겠어."

미켈란젤로는 공부 대신 그림을 선택했습니다.

"아버지, 그림을 공부해 보고 싶어요."

"그림이라고! 그건 너무 힘든 일이란다."

아버지는 못마땅했습니다.

"화가는 귀족들의 하인에 지나지 않는다. 예술가는 돈도 벌 수 없고 좋은 집에서 살 수도 없지."

아버지는 미켈란젤로가 걱정되었습니다.

"돈도 많이 벌고 좋은 집에서 살면서 행복하지 않다면요?"

"미켈란젤로! 네가 아직 어려서 그러는 거다."

"아버지, 허락해주세요. 힘들고 가난해도 꼭 하고 싶어요!"

"아무리 그래도 공부는 계속하는 게 좋아. 학교는 다녀야 한다."

아버지는 미켈란젤로에게 강요했습니다. 하지만 미켈란젤로는 자신의 의지를 굽히지 않았습니다. 결국 아버지는 미켈란젤로가 그림을 그리도록 허락했습니다.

미켈란젤로

- 1475~1564
- 미켈란젤로 부오나로티
- 이탈리아의 화가, 조각가, 건축가, 시인

미켈란젤로는 이탈리아 토스카나 지방 아레초 북부의 카프레세라는 마을에서 태어났습니다. 아버지 로도비코 디 레오날도 부오니로티 시모니는 시의 행정관이었고, 어머니는 그가 여섯 살 때 세상을 떠나 어느 건축가의 아내에게 맡겨져 자랐습니다.

1488년 미켈란젤로와 가족은 피렌체로 돌아왔습니다. 피란체로 온 어린 미켈란젤로는 조토와 마사치오의

미켈란젤로

작품들을 습작하기 시작했습니다. 그는 그림에 많은 관심을 쏟았고 덕분에 집안에서 자주 꾸중을 들었습니다. 특히 아버지는 미켈란젤로가 그림을 그리는 것을 싫어했습니다. 그것은 미켈란젤로 시대의 화가들이 예술가로서 존경받지 못했기 때문입니다. 하지만 그의 재능을 알아본 메디치 가에서 아버지를 설득해준 덕분에 미켈란젤로는 미술 공부를 할 수 있었습니다.

열세 살 때 화가 도메니코와 기를란다요에게서 배웠고, 이듬해에는 조각가 베를톨드에게 가서 도나텔로 작품을 배웠습니다. 그리고 그의 추천으로 피렌체의 실력자이자 예술가들을 후원하던 메디치 가문이 거느리고 있는 화가 집단에 들어가 로렌초 데 메디치의 총애를 받았습니다. 그는 메디치 가문에서 조각과 인체 해부에 전념하며 신화와 신·구약 성서 등 많은 고전을 탐독하고 교양을 쌓았습니다. 이후 로마로 나가 고대 미술과 접하며 〈바쿠스〉를 제작했고, 프랑스 추기경의 위촉을 받아 성 베드로 대성당의 〈피에타〉를 완성했습니다. 그는 병을 얻어 생을 마감할 때까지 많은 예술 작품을 남겼습니다.

그 시대엔 또 무슨 일이 있었을까?

피렌체

이탈리아에서 가장 부유한 도시였습니다. 피란체는 작은 독립 국가였는데 시민으로 구성된 정부가 다스렸습니다. 이러한 정부를 '시뇨리아'라고 불렀습니다. 시뇨리아는 가장 큰 메디치 가문이 장악하고 있었습니다. 피렌체에는 산타 크로체라고 불리는 복잡한 곳이있습니다. 산타 크로체는 도시 중앙에 있는 성당 이름에서 따온 말입니다. 성당 앞 광장에서는 가끔 놀이나 경기가 열릴 때도 있습니다.

시스티나 대성당

이탈리아 로마 바티칸 궁전에 있는 성당입니다. 교황 식스투스 4세의 명으로 1473년에서 1481년에 건립되었습니다. 벽면에 있는 미켈란젤로의 벽화 〈최후의 심판〉으로 유명합니다.

피렌체 시내 전경

피에타

미켈란젤로의 3대 조각 작품 가운데 하나입니다. 피에타란 이탈리아어로 '자비를 베푸소서' 라는 뜻입니다. 성모 마리아가 죽은 그리스도를 안고 있는 모습을 표현한 그림이나 조각상을 말합니다. 이 피에타 상은 미켈란젤로가 로마에 머물던 시절인 스물다섯 살 때 프랑스인 추기경의 주문으로 제작했습니다.

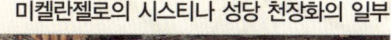
〈피에타〉

천지창조

미켈란젤로가 로마의 시스티나 성당 천장에 그린 세계 최대의 벽화입니다.

1508년 교황 율리우스 2세는 미켈란젤로에게 시스티나 성당의 천장화를 그리는 일을 맡겼습니다. 미켈란젤로는 4년 동안 작업의 프로그램을 짜고 거기에 따라 일을 진행해 나갔습니다. 사람들의 출입을 통제하고 천장 밑에 세운 작업대에 앉아 고개를 뒤로 젖힌 채 천장에 물감을 칠해 나가는 고된 작업이었습니다. 이로 인해 목과 눈에 이상이 생기기도 했지만, 그는 혼자서 모든 어려움을 극복하고 4년 만에 이 대작을 완성했습니다.

미켈란젤로의 시스티나 성당 천장화의 일부

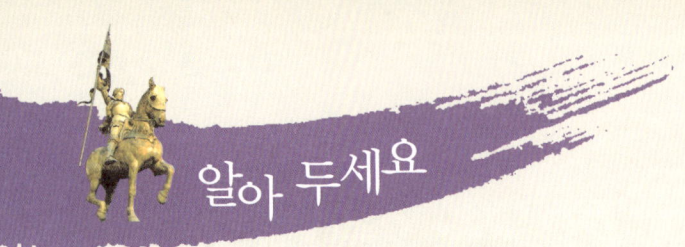
알아 두세요

메디치 가문

르네상스 시대 이탈리아의 명문가입니다. 당시 유럽 굴지의 금융업자로서 피렌체공화국과 토스카나공국의 지배자로서 유명합니다. 원래 피렌체 동북의 무젤로 지방 출신인 메디치가는 상업으로 성공해 14세기부터 피렌체의 정계에 등장했습니다. 문화와 예술을 보호하고 장려해 르네상스에 크게 공헌했습니다. 군주와 교황을 많이 배출했으나 18세기부터 단절되었습니다.

로렌초 데 메디치 초상

조토 (1266?~1337)

지오토 디 본도네, 이탈리아의 피렌체 출신의 화가입니다. 관념적인 평면 회화를 극복해 화면에 입체감과 실제감을 표현하는 기법을 창시했습니다. 미술사에서 새로운 장을 연 미술가로 평가됩니다.

조토의 〈입맞춤〉

산드로 보티첼리 (1445?~1510)

이탈리아 르네상스시대의 화가입니다. 미묘한 곡선과 감상적인 시적 정서에 일찍부터 독자적인 성격이 나타나 있습니다. 고전 부흥의 분위기와 신플라톤주의의 정신에 접하고 엄격한 리얼리즘의 일시적인 영향을 받았습니다. 그러다 점차 사실을 무시하고 양식화된 표현과 곡선의 묘미를 구사해 장식적 구도 속에 시적 세계를 표현하는 독자적인 그림의 세계를 열었습니다. 그후 차차 신비적인 경향을 보이기 시작했습니다.

기를란다요(1449~1494)

이탈리아 초기 르네상스 화가입니다. 많은 인물상을 훌륭하게 배치하는 장식적 구도에 뛰어났고 교묘한 필법으로 현란하고 호사한 매력을 발휘했습니다. 당시 유행하던 흐름에 따르지 않고 독자적인 세부 묘사에 의한 풍속화적인 정형을 나타냈습니다. 1488년 열세 살의 미켈란젤로가 처음 그를 찾아와 제자가 되고자 했으나 오래가지 않아 그 품을 떠나갔습니다.

보티첼리 〈비너스의 탄생〉

중등 역사부도

르네상스 회화의 완성자
알브레이히트 뒤러

뒤러의 할아버지는 원래 말과 소를 키우던 사람이었습니다. 그러다 금세공 일로 직업을 바꾸었습니다. 할아버지는 뒤러의 아버지에게 세공 일을 가르쳤습니다.

"앞으로는 농사보다 금세공 일이 전망이 있을 거다."

할아버지의 말에 아버지도 열심히 일했습니다.

그러던 어느 해 할아버지는 굳은 결심을 해야 했습니다.

"금세공 일은 헝가리보다 독일에서 하는 것이 좋겠어."

할아버지는 고향을 떠나 가족들을 데리고 독일 뉘른베르크로 가기로 했습니다.

뒤러는 열여덟 명의 자녀 중에 셋째 아들로 태어났습니다.

"아버지, 이렇게 그리면 되나요?"

"그래, 잘 그렸구나."

아버지는 옆에서 그림을 그리고 있는 뒤러를 흐뭇하게 바라보았습니다. 뒤러는 아버지가 하는 일을 늘 보고 자랐기 때문에 그림 그리는 것이 자연스러웠습니다.

뒤러는 아버지가 할아버지한테 금세공 일을 배운 것처럼, 그곳에서 아버지의

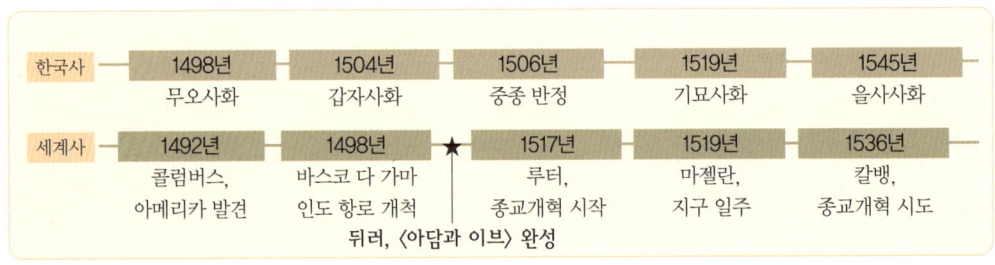

금세공 일을 배웠습니다. 하지만 뒤러는 금세공 일이 재미없었습니다.

'난 아버지처럼 금세공 일을 하고 싶지 않아. 그림 그리는 일이 더 좋다고!'

뒤러가 열세 살 되던 해였습니다.

"뒤러, 뭐하고 있는 거니? 작업실로 오지 않고!"

아버지가 몹시 화가 난 표정으로 뒤러를 불렀습니다.

"아버지, 저는 금세공 일을 배우고 싶지 않아요."

뒤러는 어렵게 이야기했습니다.

"그럼, 네가 하고 싶은 게 뭔지 생각해 봐라."

아버지는 조용히 말했습니다.

며칠 후 뒤러는 거울 앞에 앉아서 자신의 얼굴을 그리고 있었습니다.

"뭐하는 거니?"

"자화상을 그리고 있어요."

"자화상이라고?"

아버지는 뒤러가 그린 그림을 바라봤습니다. 그림을 본 아버지는 뒤러가 그림에 재주가 있는 것을 알게 되었습니다.

"내가 네 재능이나 바람을 묻지도 않고 금세공 일을 가르쳤구나. 앞으로는 네가 하고 싶은 일을 하도록 해라."

아버지는 뒤러의 뜻과 재능을 인정해주었습니다.

"뒤러, 네게도 좋은 스승이 필요할 것 같구나."

뒤러는 아버지가 고마웠습니다.

이듬해 뒤러는 뉘른베르크에서 성공한 화가 미하엘 볼게무트의 제자가 되었습니다. 그는 상업적으로 성공한 화가였습니다. 미하엘 볼게무트의 작업실에서는 그림에 관한 모든 기법을 다 다루었습니다. 삽화용 목판화와 공예품, 스테인드 글라스와 제단화 즉 교회 예배당의 뒤쪽 칸막이에 그려진 그림 등을 주문 받았습니다. 열여섯 살 때 뒤러는 아우구스티누스의 제단화 일부를 그리기도 했습니다.

열아홉 살 되던 해였습니다. 뒤러는 독일 북부에 살고 있는 화가 마르틴 숀가우어를 찾아가기 위해 콜마르로 떠났습니다. 그러나 그가 찾아갔을 때는 이미 죽은 뒤였습니다.

뒤러는 실망하고 말았습니다.

"멀리서 찾아오셨는데 저희가 도와드릴 수 있는 방법이 없군요."

마르틴 숀가우어의 형제들은 뒤러를 위로했습니다.

"아닙니다. 제가 좀 더 빨리 왔더라면 선생님께 그림을 배울 수 있었을 텐데요."

뒤러가 무거운 발걸음으로 돌아설 때였습니다.

"저, 저기요! 기왕 오셨는데 여기에서 습작하는 건 어떠신지요?"

"습작이라고요?"

뒤러의 눈이 반짝였습니다.

"정말이십니까? 그렇게 배려해주신다니 정말 감사합니다."

이후 뒤러는 마르틴 숀가우어의 형제들 덕분에 그림을 습작할 수 있었습니다.

알브레이히트 뒤러

1471~1528
독일의 화가, 판화가, 미술이론가, 독일 르네상스 니하의 완성자

독일 뉘른베르크에서 태어났습니다. 화가·판화가·미술이론가이며 독일 르네상스 회화의 완성자이기도 합니다. 헝가리에서 이주해 온 금세공사의 아들로 아버지의 조수로 일하다 1486년 볼게무트에게 목판기술을 익혔습니다. 콜마르와 바젤 등지를 돌아다니며 목판제작에 힘썼고, 1495년 이탈리아 여행 후 공방을 차리고 동판화를 시도했습니다.

뒤러

1498년 목판의 연작 〈묵시록〉과 〈대수난〉에 착수했고, 1501년경부터 동식물의 형태학적 연구를 시작했습니다. 1504년 인체비례의 최고작인 〈아담과 이브〉를 제작했습니다. 1505년 이탈리아를 여행하면서 〈장미관의 성모〉, 〈젊은 베네치아의 여인〉 등 뛰어난 작품을 남겼습니다. 뒤러는 이탈리아 여행을 통해 표현기법을 터득했고, 점차 독일 전통에 충실했습니다.

귀국 후 1511년경까지는 빈미술사박물관에 소장되어 있는 〈만성도〉 등 종교화의 대작을 제작했습니다. 이후 동판화의 3대 걸작 〈기사, 죽음, 악마〉, 〈서재의 성 히에로니무스〉, 〈멜랑콜리아〉를 발표했습니다. 유화 중에는 〈4성도〉, 〈만성절〉, 〈자화상〉 외에 〈성모자상〉과 〈요프스트 플랑크펠트〉를 비롯한 초상화들이 있습니다.

그 시대엔 또 무슨 일이 있었을까?

콜마르

보주 산맥 동쪽 기슭 알자스 평원에 있습니다. 카롤링 왕조의 촌락에서 시작되었으며 13세기에는 신성로마제국 직속의 자유도시가 되었습니다. 30년전쟁 중 스웨덴에 점령되어 루이 13세에게 양도되었습니다. 제1차 세계대전이 끝날 때까지는 독일령이었습니다. 생마르탱 성당을 비롯해 옛 건물이 많습니다. 섬유·피혁·담배·기계·식품 등의 공업이 활발했습니다.

뒤러의 집

카이저부르크 성 바로 앞에 있습니다. 르네상스 시대의 전형적인 민가의 모습을 그대로 간직한 흰색 벽의 아름다운 목조 주택입니다. 독일이 자랑하는 르네상스 시대의 화가이자 민중 화가로 유명한 뒤러가 1509년부터 1528년까지 살았던 집입니다. 뒤러가 남긴 그림의 일부와 복제품을 전시하고 있으며 주방이나 거실을 당시 그대로 재현해 놓았습니다. 독일 시민들의 모습을 주로 그렸던 그의 작품은 독일 지폐의 모델이 되기도 했습니다. 뒤러의 집에서 베르크 거리를 따라 내려오면 뒤러 광장이 있고 이 광장에 뒤러의 동상이 서 있습니다.

묵시록

성 요한의 계시록으로 알려져 있는 신약성서 중 가장 마지막 책입니다. 세계의 종말과 최후의 심판, 새로운 세계의 도래에 대해 사도 요한이 파트모스 섬에서 본 세계를 기록한 내용이 담겨 있습니다. 뒤러는 1498년에 간행된 묵시록의 삽화에 강렬하고 극적인 목판화를 제작한 바 있습니다.

동판화

인체를 정확한 비례로 그리려는 뒤러의 노력이 깃든 작품입니다. 1500년에 시작해 4년에 걸쳐 제작되었습니다. 〈완전한 남자〉와 〈완전한 여자〉의 습작을 바탕으로 그려졌습니다. 독일 회화에서 콘트라포스트몸무게를 한쪽 다리에 싣고 다른 쪽 다리의 무릎을 약간 구부리고 선 자연스러운 자세의 모습을 제대로 그린 것은 뒤러가 처음이었습니다. 인간이 지닌 아름다움의 이상형인 '아담과 이브'의 모습을 생명력이 가득한 한 쌍의 인간으로 창조했습니다.

〈장미화관 제단화〉

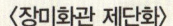

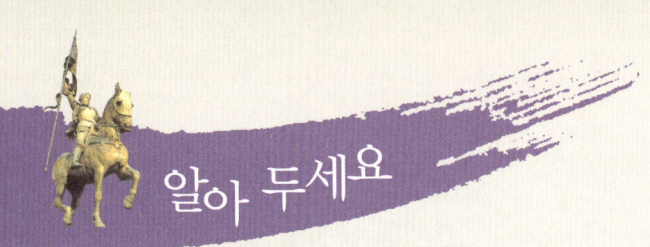
알아 두세요

미하엘 볼게무트(1434~1519)

뉘른베르크 출생입니다. 한스 프레이덴부르크의 제자이며 그의 미망인과 결혼해 공방을 계승했습니다. 뒤러 이전의 뉘른베르크의 주요 화가로서 목판화의 애벌그림도 많이 제작했습니다. 네덜란드 화가의 영향도 많이 받았습니다. 뒤러의 스승으로도 알려졌으며 주요 작품으로 츠비카우 성모성당의 주제단화가 있습니다.

루카 파치올리(1445~1540)

토스카나의 프란체스코회 수도사입니다. 페루자·나폴리·밀라노·피렌체·로마·베네치아 등 각지에서 수학을 가르쳤습니다. 1494년 《산술집성》을 저술했습니

〈유대 율법학자들 사이에 있는 열두 살의 예수〉

다. 이것은 당시의 산술·대수·삼각법에 관한 모든 지식을 집대성한 것입니다. 피보나치의 《주판서》 이래 가장 광범위한 수학서로 일컬어집니다. 레오나르도 다 빈치와 화가 피에로 델라 프란체스카 등과 교우관계가 있었습니다.

아펠레스(?~?)

기원전 4세기 후반에 활약한 그리스의 화가입니다. 소아시아의 코로폰 출생으로 이오니아·아테네·코린트·마케도니아 등 각 지방에서 제작 활동을 했습니다. 알렉산드로스의 궁정화가로서 대왕의 많은 초상을 그렸고 파도 사이에서 모습을 나타내는 아프로디테의 그림은 유명합니다. 그 밖에 신상·영웅·왕들의 초상을 그렸습니다. 화풍은 우아하고 매력적이며 기술은 세련되었고 광택이 있는 특이한 흑색을 사용했습니다.

뒤러의 〈삼위일체 예배〉

마르틴 숀가우어의 그림

마르틴 숀가우어(1453?~1491)

독일 고딕미술의 대표적 작가이며 15세기 동판화의 가장 훌륭한 거장입니다. 그가 제작한 동판화 작품은 확대경으로 들여다보아야 할 정도로 섬세하고 치밀한 표현으로 유명했습니다. 당시에 제작된 동판화는 유럽 전역에 새로운 르네상스 미술의 기법과 관념을 전파하는 역할을 했습니다. 뒤러의 초기 작품에 큰 영향을 끼쳤습니다.

중등 역사부도

영국 최고의 여왕
엘리자베스 1세

"공주님께서 태어나셨습니다."
'왕위를 물려줄 아들이었다면 더 좋았을 것을……'
왕은 실망스런 눈빛이었습니다.
아기는 세례를 받기 위해 교회로 갔습니다. 교회 주변에는 병사들이 500여 개의 횃불을 들고 서 있었습니다.
"아기의 이름은 무엇입니까?"
"친할머니와 외할머니의 이름을 따서 '엘리자베스'라고 합니다."
교회 안을 빛으로 가득 채운 성대한 세례식이 진행되었습니다.
"신이시여, 위대한 잉글랜드 공주 엘리자베스의 번영과 장수를 비옵니다."
세례식이 끝나갈 무렵 신하의 낭랑하고 웅장한 음성이 들렸습니다. 그러자 팡파르 소리가 교회를 가득 채웠습니다.
엘리자베스는 남부러울 것 없이 자랐습니다.
그러던 어느 날, 어머니 앤 불린이 죄를 뒤집어쓰고 런던탑에 갇히게 되었습니다. 겨우 세 살이었던 엘리자베스는 이러한 사실을 전혀 알지 못했습니다. 런던탑은 큰 죄를 지은 사람만 가두는 곳이었습니다. 왕비 신분이었던 앤은 결국

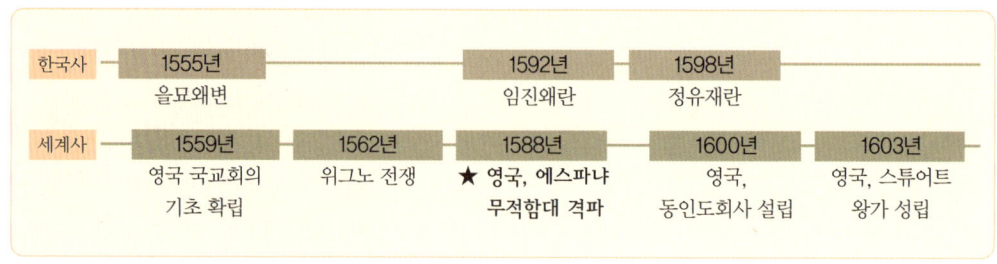

유죄 판결을 받아 처형되고 말았습니다. 의회는 헨리 8세와 앤의 결혼을 무효로 처리했습니다. 그래서 엘리자베스는 이제 공주도 왕위를 계승할 수도 없는 신분이 되었습니다.

"공주님 불쌍해서 어떡해요."
"쉿! 조용히 해요. 우리까지 죄를 얻게 되면 어쩌려고요."

엘리자베스를 돌보면 하녀들이 수군거렸습니다.

이후 엘리자베스는 가정교사의 손에서 자랐습니다. 엘리자베스는 아주 가끔 언니와 남동생을 만났습니다. 그러나 아버지는 찾아오지 않았고 사람을 보내 딸의 안부를 물었습니다.

그러다 아버지 헨리 8세가 여섯 번째 결혼을 하게 되었습니다. 새어머니 캐서린 파는 지혜로운 여자였습니다. 그녀는 헨리 8세에게 딸을 자주 만나라고 권유했습니다. 또한 딸들의 왕위 계승권을 복귀시키도록 도왔습니다. 덕분에 엘리자베스는 아들인 에드워드 다음 서열로 복귀되었습니다.

엘리자베스는 언니 메리와 친해지지 못했습니다. 메리가 자신의 불행과 고통을 엘리자베스 탓으로 돌렸기 때문이었습니다.

헨리 8세가 세상을 떠나자 아홉 살 에드워드가 왕위에 올랐습니다. 그와 동시에 열세 살 엘리자베스에 대한 안 좋은 소문이 나오기 시작했습니다.

"나를 모함하려는 사람들의 음모일 거야."

엘리자베스는 꿋꿋하게 어려움을 극복했습니다.

"저는 소문과 전혀 관계가 없습니다. 증거가 없다면 저는 잘못이 없는 거 아닙니까!"

엘리자베스는 위기의 순간에도 자신의 주장을 굽히지 않았습니다. 결국 엘리자베스는 다시 돌아갈 수 있게 되었습니다.

그러던 어느 날, 동생 에드워드가 죽고 말았습니다. 신하들은 메리와 엘리자베스가 여왕이 되는 걸 막으려고 사촌인 제인 그레이를 왕위 계승자로 지목했습니다. 하지만 민중의 지지를 받은 언니 메리가 왕위에 올랐습니다.

여왕이 된 메리는 가톨릭을 국교로 부활시키고 개신교도들을 화형에 처했습니다. 그리고 반란군과 관련이 있다는 죄목으로 동생 엘리자베스를 런던탑에 가두었습니다.

"어머니가 갇혔던 이곳에 내가 갇히게 되는구나. 그러나 나는 절대로 이곳에서 죽지 않아. 어머니처럼 되진 않을 거라고!"

엘리자베스는 탑에 갇혀 자신의 무죄를 주장했습니다. 엘리자베스가 반란에 관여했다는 증거가 나오지 않자 탑에서 나오게 되었습니다. 국교를 가톨릭으로 바꾼 메리는 개신교를 없애지는 못했습니다. 또한 잉글랜드는 흉년이 이어져 굶주리는 백성들이 많았습니다. 무엇보다 200년 이상 차지하고 있던 프랑스 해안의 칼레 지역을 프랑스에 빼앗기고 말았습니다. 결국 메리는 거듭되는 어려움을 이기지 못하고 세상을 떠났습니다.

성경책을 읽고 있던 엘리자베스에게 신하들이 찾아왔습니다.

"엘리자베스 여왕이시여, 위대한 잉글랜드의 여왕님을 모시러 왔습니다."

신하들은 무릎을 꿇고 경의를 표했습니다.

그 순간 엘리자베스는 감격의 눈물을 흘리며 기도했습니다.

엘리자베스 1세

- 1533~1603
- 재위 1558~1603
- 영국의 여왕

튜더 왕조의 헨리 8세와 두 번째 왕비 앤 불린의 딸로 태어났습니다. 어머니가 반역죄로 처형된 뒤 궁정의 복잡한 세력 다툼의 와중에서 왕위 계승권이 박탈되었습니다. 또한 이복 언니 메리 1세의 가톨릭 복귀 정책이 불만을 사게 되었고 이를 계기로 런던탑에 유폐되는 등 힘든 소녀시절을 보냈습니다.

엘리자베스 1세

메리 1세가 죽자 뒤를 이어 왕위에 올랐습니다. 그녀의 오랜 치세는 영국의 절대주의 전성기를 이루었으므로 국민으로부터 '훌륭한 여왕 베스'라고 불리며 경애의 대상이 되었습니다.

종교정책에서 메리 1세와는 달리 수장령과 통일령을 부활해 국왕을 종교상의 최고 권위로서 인정받도록 했습니다.

1600년 영국의 동인도회사를 설립했습니다. 당시 최강을 자랑하던 에스파냐의 압력에서 벗어나기 위해 펠리프 2세의 구혼을 거절하는 한편, 네덜란드의 독립을 도왔습니다. 에스파냐의 무역선을 습격함으로써 에스파냐 선박의 해상 지배를 위협했습니다. 이로써 영국은 해상 발전의 길이 트이게 되고, 일개 섬나라에서 대해상국으로 성장할 기초를 다지게 되었습니다.

문화면에서도 영국 르네상스라고 불리는 국민 문학의 황금시대가 도래했습니다. 셰익스피어·스펜서·베이컨 등의 학자와 문인이 나왔습니다. 이리하여 여왕은 온갖 영광의 상징이 되었고 영국의 절대주의는 절정에 이르렀습니다.

그 시대엔 또 무슨 일이 있었을까?

동인도 회사

영국·네덜란드·프랑스 등이 동양 무역을 하기 위해 17세기 초에 설립한 독점적 특허 회사입니다. 설립된 연도는 영국이 1600년, 네덜란드가 1602년, 프랑스가 1604년입니다. 네덜란드는 자바 섬을 중심으로 활약했고, 영국은 인도를 식민지화했으며, 프랑스는 한때 인도 지배에 적극적이었으나 영국과의 경쟁에서 패했습니다. 영국의 동인도 회사는 인도 경영에 힘을 쏟아 인도를 식민지화했습니다. 이 회사들은 하나의 작은 정부와도 같아 행정권·사법권을 행사했고, 화폐를 주조했으며 군대까지 거느렸습니다. 동인도 회사는 유럽 역사상 절대주의 시대의 산물이고 중상주의적 정책의 기둥이었으나 자본주의의 진전과 함께 소멸되어 그 이후로는 식민지 경영을 정부가 맡게 되었습니다.

영국 국교회

16세기 헨리 8세의 이혼 문제를 계기로 로마 가톨릭 교회에서 갈라져 나와 영국의 국왕을 우두머리로 해 성립된 교회입니다. 종교의 가르침은 신교에 가까우나 의식이나 감독제 등은 구교적인 요소가 많이 남아 있습니다.

엘리자베스 1세의 묘

런던탑의 비밀

영국 런던 템스 강 북쪽에 위치한 중세 시대의 왕궁으로 영국의 왕권의 상징이자 노르만 군사건축의 전형적인 형태를 보여

멋진 외관에 숨겨진 가슴 아픈 역사를 안고 있는 런던탑

줍니다. 런던탑이 사람들 사이에 유명해진 이유는 이곳에서 벌어진 권력과 왕좌를 둘러싼 '피의 역사' 때문입니다. 왕족을 비롯한 고위층들의 감옥이자 처형장으로 쓰이면서 비극의 무대가 된 것입니다. 열두 살에 왕위에 오른 에드워드 5세와 동생, 앤 불린을 포함한 헨리 8세의 두 부인, 헨리 그레이의 딸 제인 그레이 등 많은 이들이 이곳에서 처형되었습니다. 엘리자베스 1세를 비롯해 유폐되었다가 풀려난 이들도 많습니다.

수장령

1534년 국왕 헨리 8세가 왕비 캐서린과의 이혼문제로 인한 분규로 로마교회로부터의 독립을 선언했습니다. 그리고 영국 국왕이 영국 교회의 최고 수장이 된다는 법을 통과시켰는데 이것이 수장령입니다.

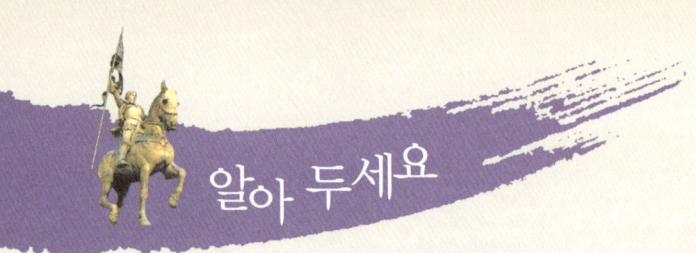

알아 두세요

헨리 8세(1491~1547)

튜더왕조 헨리 7세의 둘째아들입니다. 형이 죽자 아버지의 뒤를 계승했습니다. 형의 미망인인 왕비 캐서린과의 사이에 아들이 없었기 때문에 궁녀 앤 불린과 결혼하려고 했습니다. 그러나 로마 교황이 이를 인정하지 않아서 가톨릭교회와 결별할 것을 꾀했습니다. 1534년 수장령으로 영국 국교회를 설립해 종교개혁을 단행했습니다. 종교정책 이외에도 왕권강화에 힘썼으며 지배와 방비를 강화했습니다.

헨리 8세

메리 1세(1516~1558)

메리 튜더라고도 합니다. 헨리 8세와 제1왕비 캐서린의 딸입니다. 이복동생 에드워드 6세의 뒤를 이어 즉위했습니다. 열렬한 구교도로서, 즉위 이듬해에 가톨릭의 나라 에스파냐의 펠리페 2세와 결혼했습니다. 종교개혁 사업을 부정하고 가톨릭을 국교로 정해 개신교도들을 처형했습니다. 때문에 후세에 '피의 메리'라고 불렸습니다. 대외적으로도 남편에게 협력해 프랑스와 싸웠으나 영국이 대륙에 소유하고 있던 맞막 거점 칼레를 잃었습니다.

펠리페 2세와 가족 동상

에드워드 6세(1537~1553)

헨리 8세의 아들입니다. 열 살에 즉위해 처음에는 외삼촌 서머싯 공이 섭정했으나, 그가 실각한 뒤에는 노섬벌랜드 공이 실권을 잡았습니다. 태어나면서부터 몸이 허약해 열여섯 살에 세상을 떠났기 때문에 그의 개성이 정치에 반영된 일은 거의 없었습니다. 종교 면에서는 열렬한 신교도였으며 중신들도 그의 뜻을 따라서 예배 통일법과 일반 기도서의 제정 등 부왕의 종교개혁을 계승해 신교정책을 추진했습니다.

펠리페 2세(1527~1598)

에스파냐 최전성기의 왕으로 영국 여왕 메리 1세와 정략결혼을 했습니다. 가톨릭신자로 국내 이슬람교도의 반란을 탄압하고 레판토해전에서 투르크 군을 격파했습니다. 영국 침략을 감행하다 실패하기도 했습니다. 에스파냐 문화의 황금시대를 이룩했습니다.

열병식에 참석한 엘리자베스 1세

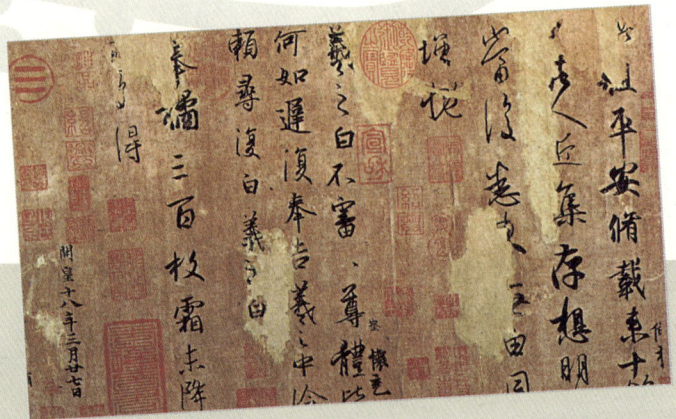

| 부록 |

중세 중국의 문화
귀신과 신, 그리고 종교 / 중세 중국의 도자기 / 중세 중국의 비단 / 중세 중국의 차 / 중세 중국의 예술

근대로 나아가는 문화운동 르네상스
르네상스의 개념 / 르네상스의 부흥 / 교황과 제후들 / 르네상스 시대의 화가들 / 르네상스 시대의 문학

종교개혁
종교개혁의 배경 / 종교개혁의 운동과 원인 / 루터의 사상과 신비주의

중세 중국의 문화

귀신과 신, 그리고 종교

중세 중국에는 유교와 도교, 불교가 조화를 이루고 있었습니다.

공자에서 출발한 유교는 예의와 효, 도덕적 생활을 중요하게 생각했으며, 노자에서 출발한 도교는 자연에 순응하며, 자연의 흐름인 도道를 따라야 한다고 했습니다. 인도에서 건너온 불교는 속세의 욕심과 부도덕 등을 벗어나 중생들이 깨달음을 얻고 구원을 받아야 한다고 했습니다. 이러한 중국의 종교는 중국의 민간 신앙과 함께 어우러졌습니다.

중국의 민간 신앙에는 수많은 신과 정령, 귀신 등이 있습니다. 집에는 집을 보호하는 신들이 있다고 생각했으며, 그들에게 집안의 안정과 행복을 지키게 해 달라고 빌었습니다. 또한 부모나 친척 어른이 돌아가시면 조상신으로 모셨으며, 나라의 영웅이나 성인 또한 죽으면 자신들의 집과 마을, 나라를 지킨다고 생각했습니다. 속세의 용 또한 초자연적인 존재로 악귀를 쫓는다고 믿었습니다. 때문에 사람들은 대문이나 집 안에 용이나 영웅, 성인들의 초상 같은 것을 걸어두어 악귀를 쫓기도 했습니다.

중세 중국의 도자기

중국의 도자기는 수나라 시대 때 처음 만들어지기 시작했습니다. 이후 당나라 때 허난성의 공셴, 허베이성의 싱과 딩 등 세 곳의 대형 가마에서 대량 생산해서 수출하기 시작했습니다. 이때 푸른빛의 청화백자가 처음으로 제작되었습니다. 송나라 때의 도자기는 더욱 멋스럽고, 화려하게 변모하며 중국의 주요 산업 중 하나가 되었습니다.

도자기를 빚는 도공들은 도자기에 예술혼을 불어넣어 도자기를 예술품으로 승화시켰습니다. 생활 속에 흔히 쓰이는 그릇과 대접부터 장식품까지 도자기는 날로 발전했습니다. 원나라를 세운 쿠빌라이도 도자기 산업을 장려해 도자기는 비단과 함께 중국의 주요 수출품이 되었습니다.

오늘날까지도 중국 도자기는 세계적으로 명성을 얻고 있으며, '사기그릇이나 도자기' 등을 흔히 차이나china라고 부르는 이유도 도자기가 중국에서 시작되었기 때문입니다.

서방색이 풍부한 당삼채

중세 중국의 비단

중국의 또 다른 수출품 비단은 이미 6000년 전에 처음 만들어졌으며, 2000년 전부터 외국으로 수출된 중요 수출품이었습니다. 무게가 가볍고, 여름에는 시원하고, 겨울에는 따뜻한 비단은 서양인들에게는 놀라움의 대상이었습니다.

비단은 누에의 고치에서 실을 뽑아 만드는 것입니다. 하지만 서양인들은 누에를 통해 비단을 만든다는 것을 상상도 못했습니다. 나뭇잎이나 나무껍질을 이용한 식물 원사라고 생각했던 것입니다. 그만큼 중국의 비단은 서양인들이 처음 보는 것이었고, 신비로운 것이었습니다.

비단은 기원전 2세기부터 로마로 수출 되었으며, 로마인들은 비단을 구입하기 위해 엄청난 돈을 썼습니다.

실크로드에서 발견된 견직물

고운 비단에 화려하고 다양한 무늬와 색채를 가진 비단은 없어서 못 파는 중국의 수출품이 되었습니다.

용도 또한 머리띠나 허리띠, 의복, 신발과 책표지, 병풍 등으로 장식되기도 했습니다. 종이 대신 그림도구로도 사용되어 중국의 화가들은 비단에 그림을 그리기도 했습니다.

중국에서 중앙아시아를 거쳐 유럽으로 이어진 무역로를 비단길실크로드이라고 부르는 이유도 비단의 놀라움과 아름다움 때문입니다.

중세 중국의 차

수나라 때 황허 강과 양쯔 강을 잇는 대운하가 완성되었습니다. 이때부터 남부 지방의 생산물이 북부로 쉽게 이동할 수 있게 되었고, 차茶 또한 그런 방법을 통해 중국 전역으로 퍼져나갔습니다. 당나라 때는 가정에서 차를 마시는 것이 생활화되었습니다. 황실에서는 황실 전용의 차밭을 가꾸어 황실에서만 마실 수 있는 자순이라는 차를 생산했습니다. 또한 황실은 차에 대한 세금을 매겼으며, 차를 밀수하면 사형까지 시켰습니다.

송나라 시대로 넘어오면서 차 무역을 황실이 독점해 세수국민에게 근세를 거두어 얻는 정부의 수입를 증대시켰습니다. 차는 문화로 정착되어 시인과 학자들은 다도회를 열기도 했으며, 원나라 때는 불교와 도교 같은 종교 모임에서도 대규모 차 모임을 열었습니다.

또한 송나라 때는 찻잎을 시루에 쪄서 절구에 찧은 후 엽전 모양으로 뭉쳐 말리는 전차에서 생산하기 쉬운 잎차로 만들기 시작했습니다.

당시 중국은 불교, 도교와 더불어 예를 중요시하는 유교가 중요한 종교로 자리 잡고 있었습니다. 때문에 중국인들은 차를 마실 때도 예법이 필요하다고 생각해 '다도茶道'라는 예법을 만들었습니다. 학자 육우는 차의 기원, 준비 방법, 차 재배지, 차와 어울리는 물의 등급 등 차에 대한 모든 것을 담은 《다경》이라는 책을 쓰기도 했습니다.

한나라 이전에 중국 서남부 윈난성과 쓰촨성에서 생산된 차와 티베트의 말을 교역하기 위해 교역로가 형성되었으며, 당나라와 송나라 시대를 거치면서 차의 교역은 활발해졌습니다. 그 교역로를 차마고도茶馬古道라고 부릅니다.

지금도 중국의 차는 전 세계적으로 사랑 받는 주요 수출품 중 하나입니다.

대운하의 건설로 남부지방의 생산물이 북부지방으로 쉽게 이동할 수 있게 됐다.

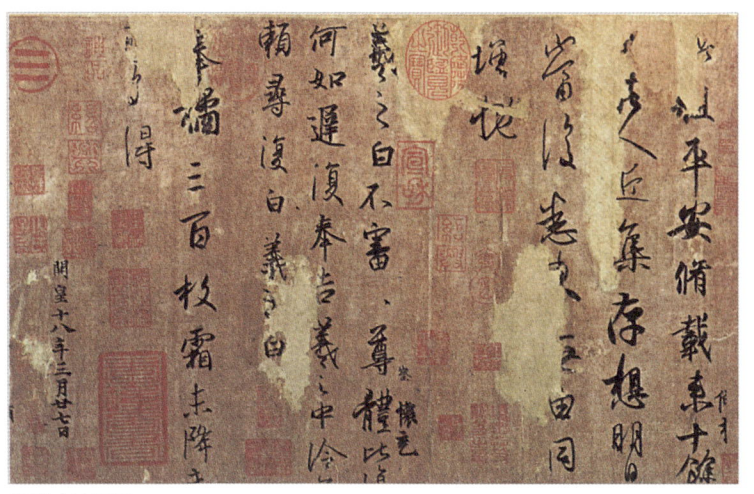
왕희지의 글씨

중세 중국의 예술

중국의 대표 예술로 '시詩, 서書, 화畵' 세 가지를 뽑을 수 있을 것입니다.

당나라 때 예술품에 시를 적어 넣는 것이 일반화되면서 화가와 시인이 같은 먹과 붓 등을 사용하면서 서예도 그림처럼 아름답게 변해갔습니다. 이후로 서예는 단순한 글씨가 아니라 하나의 미술처럼 다양한 필체가 선보이게 됐고, 필체 속에 아름다움과 강함, 잔잔함과 정겨움 등 다양한 의미가 담기게 됐습니다.

그림에서 시는 그림의 한쪽 구석의 여백에 쓰여 있으며, 보통은 화가가 그림을 그린 후 직접 쓰거나 시인이 글을 썼습니다. 그림에 시를 쓰는 것이 유행해 시인은 물론 대학자·황후·황제까지 그림에 글을 썼습니다.

휘종이 그린 부용 금궤

그림에 적힌 글은 그림과 관련된 시가 될 수도 있고, 그림에 대한 찬사의 글이 될 수도 있습니다. 때로는 화가에 대한 글을 적기도 했습니다.

또 어떤 것은 시가 먼저 지어지고 그것에서 영감을 받아 화가가 그림을 그리기도 했습니다.

근대로 나아가는 문화운동 르네상스

르네상스의 개념

르네상스는 유럽이 중세를 지나 근대로 나아가는 시기에 일어난 문화운동입니다. 인간의 자아가 싹트고 권위에 대한 비판이 제기되면서 사회 전반에 걸쳐 큰 변화를 가져왔습니다. 무엇보다 문화와 예술, 종교에서 확인할 수 있습니다.

르네상스는 학문 또는 예술의 '재생' 또는 '부활'이라는 의미를 가지고 있습니다. 프랑스어에서 유래된 르네상스는 어떤 사건을 말하는 것이 아니라 시대를 구분하는 것입니다. 다시 말해 근대가 시작되는 시기라고 할 수 있습니다.

이탈리아 르네상스를 지원한 메디치 가

르네상스의 부흥

고대의 그리스 로마 문화를 이상으로 해 이들을 부흥시킴으로써 새 문화를 창출해내려는 운동이기도 합니다. 그 범위는 사상·문학·미술·건축 등 다방면에 걸친 것이었습니다. 5세기 로마 제국의 몰락과 함께 중세가 시작되었다고 보았을 때, 르네상스가 시작되기 전 시기를 야만시대, 인간성이 말살된 시대로 파악하고 고대의 부흥을 통해 이 야만시대를 극복하려는 것을 목적으로 합니다.

이 운동은 14세기 후반부터 15세기 전반에 걸쳐 이탈리아에서 시작되었다는 것이 일반적입니다. 이탈리아는 문화적 환경과 조건이 다른 나라에 비해 좋은 토양을 가지고 있었습니다. 옛 로마 제국의 유산을 직접 물려받아 도시가 활발하게 일어났던 지역이었습니다. 유럽이 게르만 민족의 대이동이 일어나 복잡한 상황이었다면 이탈리아는 로마 문화의 전통이 남아있었고 지리적 위치도 좋아서 문화적으로 발전할 수 있는 기회가 열려 있었습니다. 이 운동은 프랑스·독일·영국 등 북유럽 지역에 전파되어 각각 특색 있는 문화를 형성했습니다. 근대 유럽 문화 탄생의 기반이 되었습니다.

라파엘로의 〈비파의 성모〉

교황과 제후들

교황은 르네상스의 적극적인 후원자였습니다. 미술과 문학, 인문학의 활동에 관심을 갖고 지지했습니다. 교황령 국가들은 교황의 지위 아래 있었으나 70여 년에 걸친 교황의 '바빌론 유수'로 말미암아 여러 개의 도시가 서로 패권을 차지하려고 싸웠습니다. 이러한 '교회의 대분열'이 공의회로 수습되자 교황들은 교회들을 하나로 모으는 과제를 풀어야 했습니다.

르네상스 시대의 화가들

르네상스는 그야말로 전 분야에 걸친 황금시대라고 할 수 있습니다. 이는 근대를 지나 현대로 가는 발판이 되는 계기가 됩니다. 그 중에서도 가장 뛰어난 것이 있다면 회화를 빼놓을 수가 없습니다.

16세기 이탈리아의 회화는 기존의 기법에서 벗어난 독창적인 기법의 완성으로 다양한 그림을 만날 수 있게 되었습니다. 레오나르도 다 빈치·라파엘로·미켈란젤로는 르네상스 3대 거장으로 유명합니다.

에라스무스

르네상스 시대의 문학

르네상스 문학은 단테·보카치오·에라스무스·토머스 모어 등으로 이어집니다.

단테의 장편 서사시 《신곡》은 현세가 아닌 죽음의 세계를 다루고 있는데, 죽음의 세계는 지옥과 천국이 아니라 그 중간의 세계인 연옥이 있음을 주장합니다. 따라서 지옥·연옥·천국으로 나누어 이야기가 전개되고 있으며 지옥과 천국 중간에 연옥이 존재한다는 것입니다.

보카치오의 《데카메론》에는 세 사람의 신사와 일곱 사람의 숙녀가 등장합니다. 이들은 한 사람씩 열흘에 걸쳐

셰익스피어

토머스 모어

아레초에서 환영받는 페트라르카

자신들의 이야기를 전개시킵니다. 등장인물의 재치와 유머는 르네상스 시대의 인간상을 묘사했다고 할 수 있습니다.

네덜란드의 에라스무스는 인문주의자를 대표하며 《우신예찬》이란 작품을 통해 교회의 부패를 비꼬았습니다.

토머스 모어는 《유토피아》라는 글을 통해서 영국 사회를 비판했고, 라블레는 소설 《가르강튀아와 팡타그뤼엘》을 통해서 전통적 권위와 관습을 날카롭게 비판했으며, 몽테뉴는 《수상록》에서 건전한 양식이 무엇인지를 보여주었습니다.

스페인의 세르반테스1547~1616는 《돈키호테》라는 소설을 통해 낡은 기사도 정신이 현실에 부딪혀 패배하는 모습을 풍자적으로 그렸으며 영국의 셰익스피어 1564~1616는 《햄릿》, 《오셀로》, 《리어왕》, 《맥베스》 등 셰익스피어 4대 비극을 남겼습니다.

르네상스 사상의 기본요소는 F.페트라르카가 이미 설정했다고 할 수 있습니다. 그는 고대를 문화의 절정기로 보는 반면, 중세를 인간의 창조성이 철저히 무시된 '암흑시대'라고 봄으로써 문명의 재흥쇠했던 것이 다시 일어남과 사회의 개선부족하거나 잘못된 것을 고치어 나아지게 함은 고전학문의 부흥을 통해 가능하다고 주장했습니다. 이러한 생각은 당시 인문주의자들이 가지고 있던 크나큰 확신이기도 했는데, 이들은 단순한 라틴 학문의 부흥에 그치는 것이 아니라 인간들의 지적·창조적 힘을 재흥시키려는 신념에 차 있었습니다.

종교개혁

종교개혁의 배경

종교개혁이란 16세기에서 17세기 유럽에서 로마 가톨릭 교회의 쇄신을 요구하며 등장했던 개혁운동입니다.

르네상스 시대를 거치면서 중세 사회는 봉건구조의 붕괴가 일어나기 시작했습니다. 봉건제도의 붕괴는 도시국가와 국민국가적인 군주국의 탄생을 가져왔으며 정치, 사회적 변화를 겪게 되었습니다. 그 과정에서 가톨릭교회의 문제점이 크게 드러나게 되었고 가톨릭교회의 변화와 쇄신을 요구하는 목소리가 커졌습니다.

종교개혁은 오늘날 프로테스탄트라 부르는 교파가 생기게 만들었습니다.

로마 가톨릭교회는 아비뇽 교황의 대립으로 생긴 분열 결과, 14세기경부터 그 안팎에서 쇠퇴의 기미를 보이고 있었습니다. 이 난국을 타개하기 위해 공의회 운동이 활발히 추진되어 피사·스탄츠·바젤 등지에서 공의회가 열렸으나,

문제의 해결을 보지 못한 채 끝났습니다.

한편, 프랑스와 영국 등 유럽 각국은 근대 국민국가로의 길을 걷기 시작해 중세적 그리스도교 세력은 점차 쇠퇴해 갔습니다. 이러한 측면에서 볼 때 종교개혁은, 교회의 혁신운동이지만 근대국가의 성립이라는 정치적 변혁과 밀접한 관계가 있었습니다.

종교개혁 운동의 원인

루터의 개혁 운동은 정치·사회·경제적인 면에서 역사적으로 큰 사건이었습니다. 프로테스탄티즘이 일어난 첫 번째 원인은 교황권의 쇠퇴와 타성에 젖은 가톨릭의 형식주의였습니다. 뿐만 아니라 교회의 분열, 성직자들의 타락과 부패는 교회를 불신시키는 원인이 되었습니다. 두 번째 정치적 요인으로는 십자군 운동 이후로 각국에서 통일기운이 일기 시작했는데 일반 민중들도 울타리가 되어줄 국민국가 건설을 기다렸습니다. 프랑스·스페인·영국 등 서유럽 국가들은 전제군주에 의한 중앙집권체제로 발전해 가고 있었고, 전제군주들은 교황이나 교회의 지배를 거부하고 있었습니다. 세 번째는 중세 말기의 경제와 사회적 구조 때문이었습니다. 도시와 상업의 발달은 '황금만능주의'를 낳았고 면죄부가 판매되면서 교회와 성직자들은 심하게 타락의 길을 걸었습니다. 네 번째, 신학을

토마스 아퀴나스

성 베드로 대성당

둘러싼 분쟁도 종교개혁의 원인이 되었습니다. 신학을 놓고 분쟁이 있을 때마다 교회는 분명하게 정의를 내리지 못해 혼란만 초래했습니다. 이러한 신학적 자유주의는 신학의 불확실성을 갖게 했으며 교회의 부패를 추방하자는 운동으로 발전했습니다. 이는 서로 다른 신앙의 길로 나뉘는 결과를 낳았습니다.

루터의 사상과 신비주의

종교개혁 이전부터 신학적 대립은 심각했으며 신앙과 이성을 합하려는 도미니쿠스 수도회와 토마스 아퀴나스1224-1274의 합리주의 신학은 스콜라 사상의 전성기에 기독교를 지배했습니다. 그러나 14세기 프란체스코 회 신학자들은 토마스 아퀴나스의 이성주의가 아닌 스코투스 신학을 주장했습니다. 이를 계기로 스콜라 사상은 붕괴되었고 신학은 쇠퇴했습니다. 또한 신학자들은 진지한 연구보다는 토론과 기교에 치중했기 때문에 종교개혁 이전의 신학은 실존적 학문이 아니었습니다.

이때 루터는 오캄1285-1349 영국의 스콜라 철학자의 영향을 받습니다. 오캄은 근본적으로 비가톨릭적인 경향을 가진 사람이었습니다. 루터는 오캄의 사상을 가톨릭 유일한 정통 신학으로 받아들였습니다. 그리고 오직 성서, 오직 믿음, 오직 은총이라는 오캄의 세 가지 유일사상을 발전시켰습니다.

14세기 유럽은 전염병과 농민반란 등으로 정치적 사회적으로 혼란한 상황이었습니다. 뿐만 아니라 교회의 내분은 일반 민중들의 마음을 불안하게 했습니다. 그래서 사람들은 신과 직접 대화하고 영혼의 평화를 얻고자 했습니다. 그 결과 교회와 성직자보다는 개인의 종교적 체험과 신앙의 중시하는 신비주의가 발전했습니다. 이후 독일에 크게 전파되었고 네덜란드에서 실천적 신비주의 운동으로 확대되었으며 루터의 '만인 사제론'이 퍼지는 배경이 되었습니다.